师表风范

张军 ◎ 著

教育家

中国出版集团

现代出版社

图书在版编目（CIP）数据

师表风范/张军著. ——北京：现代出版社，
2013.1　（2024.12重印）
（我的未来不是梦）
ISBN 978-7-5143-1047-4

Ⅰ.①师… Ⅱ.①张… Ⅲ.①教师－生平事迹－世
界－青年读物②教师－生平事迹－世界－少年读物
Ⅳ.①K815.46-49

中国版本图书馆 CIP 数据核字(2012)第 297881 号

我的未来不是梦—师表风范(教育家)

作　　者	张　军
责任编辑	张　晶
出版发行	现代出版社
地　　址	北京市朝阳区安外安华里 504 号
邮政编码	100011
电　　话	(010) 64267325
传　　真	(010) 64245264
电子邮箱	xiandai@cnpitc.com.cn
网　　址	www.modernpress.com.cn
印　　刷	唐山富达印务有限公司
开　　本	700×1000　1/16
印　　张	12
版　　次	2013 年 1 月第 1 版第 1 次印刷　　2024 年 12 月第 4 次印刷
书　　号	ISBN　978-7-5143-1047-4
定　　价	47.00 元

序 言

    这套以"我的未来不是梦"命名的丛书，经过众多编者的数年努力，终于以这样的形式问世了。

    此时，恰值党的"十八大"刚刚胜利闭幕，选举出了以习近平同志为首的党中央领导集体。"十八大"报告中对教育领域提出："坚持教育为社会主义现代化建设服务、为人民服务，把立德树人作为教育的根本任务，培养德智体美全面发展的社会主义建设者和接班人。"这使我们编者更感此套丛书生即逢时，契合新时期新要求，意义重大。

    我们编写的这套《我的未来不是梦》系列丛书，精选了古往今来的一些重要职业，尤以当下热点职业为重。而"梦想的实现"则是本套丛书的核心。整套书立意深远，观点新颖，切合实际，着眼实用，是不可多得的青少年优质读物。

    我们深信，这套丛书必将伴随小读者们的生活与学习，而促进他们德智体美全面健康的成长。更使他们对未来充满信心，驾驭着新知识和新科技，驶入海洋，飞向蓝天，去实现最美好的梦想！

目录 CONTENTS

第一章

来龙去脉说教育

◦导读◦

老师的工作有多重要?

不可或缺。

老师从事的工作就是教育——不仅教书,而且育人。

老师,就是传授知识、技能、思想的人。正是因为有了老师的存在,知识、技能、思想才得以传承、流转、发扬,成为个人和民族进步的阶梯。

可以毫不夸张地说,个人的成败得失、民族的兴衰荣枯,在很大程度上牵系教育、关乎老师。

纵观历史,教育兴则国运兴,反之,则文化衰颓、国势难振,古往今来,莫不如此。

在某种意义上,人类史其实也是一部教育史。

那么,就让我们步入历史的殿堂,领略属于教育的那些史实,从而对"教育""老师"有个概貌化的认知吧!

■ 起步：比你想的早

　　说起来，中国最早的、规范化的教育，居然可以追溯到上古时期！舜时，设庠为教，分下庠，上庠。七岁入下庠，庶老为师；十五岁入上庠，国老为师。"庠"，便是最早的学校；而无论是庶老还是国老，他们都有个统一的称谓："师"。庶老国老为师，这便是"老师"一词的由来。

　　夏朝，设立了以"序"为形式的官方学校。到了商代，中华文明已经有了一定的文化积累，并形成了成熟的文字系统。在此基础上，开始出现新的学校形式："瞽宗"。教育的对象主要为贵族子弟，学习内容主要为文武、礼仪、乐舞等，兼及天文、历法。老师由巫师、乐师或者官员充当。

　　西周时期，统治者要求学生能够在学业方面广泛涉猎，力求文武兼备，并能够学以致用。当时开设国学和乡学两类。国学又分大学和小学两级，而乡学则多称为庠、序、校、塾等。教育对象依然贵族子弟。当时大学学习以礼、乐、射、书为主，而小学则多学六艺基础知识。西周前期，因战事频繁，学校教育以"武"为主，教学内容主要为射、御，教授学生驾驶车辆、战马，并学习射击等内容。西周后期政权稳固，开始侧重文化教育。教学内容为书、数，即基本的计算方法；礼、乐，主要学习《周礼·春序》中记载的吉，凶，宾，军，嘉等礼仪规范。

　　到了东周时期，战乱不断，礼崩乐坏。周王失去了对全国的控制权，诸侯各据一方，不受管制。为了适应需要，他们开始设立自己的官学，称为"庠宫"。此时教育开始由官办向民间延伸和发展，"百家争鸣"就是当时教育状况的典型写照。孔子、孟子、墨子、荀子等等儒、道、法家纷纷推出自己的学说、思想，产生重大影响，也使当时的教育发生了多样性的变化。私学盛行便是这一时期的特点之一。由于战乱频仍的关系，各国都需要大量的人才为其所用，而私学的盛行正好满足了统治者的需要，也带来了春秋战国时期的教育繁荣。由于脱离了官学形式的束缚，此时的教育开始实现多样性，诸侯多以"养士"来吸引人才。教育内容无所不包，注重学习与实践相结合，且教育场所不固定，或家，或官，或野。教育开始走向平民化。

而后，秦始皇统一六国，大秦帝国横空出世。秦设博士官位，掌管全国教育。秦始皇采纳李斯建议，实行严酷的专制统治，取消并禁止办私学，继而焚书坑儒、屠杀博士和方士，要求书生们"以吏为师，以法为教"。至此，原本兴盛的教育遭遇沉重打击。

■ 发展：比你想的好

秦王朝历二世而衰，实现王朝更迭后的西汉时期，由于人才缺少，皇帝和朝廷都重视开办培养人才的机构。董仲舒提出教育改革建议，主张"罢黜百家，独尊儒术"的观点，获得汉武帝认同。公元前 136 年，汉武帝下令将儒家典籍《诗》《书》《易》《礼》《春秋》拔高到"经"的地位，并设儒家五博士，取消了其他各家传记博士，使朝廷教育方针向"独尊儒术"转变。公元前 124 年，汉武帝立太学，置弟子五十人，设五经博士教授儒家经典。其时在郡国称为学，在县称为校，在乡称为庠，在聚称序，学、校分别设经师一人，庠、序各设孝经师一人，以主掌地方儒学教育。新形式的官办学校开始形成。同时汉武帝不断发布"征辟异才""贡举贤良方正"等诏令，提高士族阶层待遇，使得这一时期的学子都能进入中央和地方的官学机构学习，以求上进。此后，中国教育开始以儒学经典为主要教授和学习方向。学生在官学学习儒家经典，进而通过"举孝廉""征茂才""举贤良方正"等方式进入朝廷。太学对学生的出身不作严格要求，惟才是举，并对家境贫寒者提供资助。

时光流转，转眼到了东汉。此时，王充主张国家大量兴办学校，并通过行政手段给予保护，致使当时的教育状况有所勃兴。至东汉后期，地方官办学校逐渐形成规模，学生可以通过考试从低级学校升入高级学校，最终到太学学习。太学学生人数一度达到三万人，且朝教育规模化、生员多样化、参与政治方向发展。后来汉明帝刘庄始建官邸学，主要吸收贵胄子弟学习；而宦官势力膨胀之后，也在公元178年创建中央大学"鸿都门学"，意在与太学抗衡，培植自己的势力。同时东汉政权对太学非常重视，选拔人才多出自太学，使得太学学生向学而优则仕方向发展。考试方面，先以是否熟练掌握一门技艺为选拔前提，按高低分任职务。汉平帝时，进行选拔考试，"甲科四十人为郎中，乙科二十人为太子舍人，丙科四十人补文学掌故"。通过选拔人才进入政府任职，提高了士族阶层的地位，激励了学子的学习兴趣。东汉后期，因学生掌握技艺科目增多，选拔方式又改为年底考试分高低来录取人才。东汉时期的太学学生参与政治的途径越来越多，为教育的繁荣作了有力的铺垫。

两汉时期，朝廷教育管理机构逐步完善，中央设太常兼管教育。蜀郡守文翁于成都石室办学以后，使得地方学府兴起，由行政长官兼管。太学或其他中央学校以及地方学校主要教授学生儒家经典，兼及六艺、辞、赋、画、书等，可谓兼容并包。私学方面没有更大发展，但在教育模式上已和官学接近。对于学生的教育，幼年以认字教育为主，少年以学习儒家经典为主，青年以研究和应用为主，基本和官办学校教授内容相同。

至魏晋南北朝时期，由于时局动荡，官学衰落，士族阶层转而从《老子》《庄子》和《周易》中寻找思想依托，教育内容除官学外，已不再以儒家经典为主，开始教授相对立的思想。此时地方私学兴盛起来，教育模式也向家族式、私塾式两个方向发展，而家族式教育成为这个时期的主流模式。民间多学经学，而贵族家庭更倾向诗、书、朝仪等方面，有些家族则世代只通一门，或历史，或礼仪，或琴棋书画，王献之就是这个时期的代表人物。

隋唐时期，政治、文化、科学、经济等方面都迅速发展，国家教育模式也摆脱了汉代"独尊儒术"的观点，同时兼顾佛道思想，逐渐形成以儒学为主，佛道为辅，兼通六艺的发展方针。

隋文帝杨坚注重教育，开国后，在中央设立了国子寺，设寺祭酒专司教育，又置博士、助学等任老师。下设国子学、太学、四门学、算学、书学等专科学校，大理寺同时设立律学，教授法律。由于隋初学校系统发达，学生众多，但人才稀少，隋文帝下诏废天下之学，只保留国子寺一所综合式学校。国子学后改称太学，隋炀帝以后，国子寺改为国子监，并在地方设立庠、序等学校，教育规模逐步扩大。但由于隋炀帝在位时战争不断，学校教育失去了选拔人才的意义。隋炀帝大业二年（公元 606 年），始置进士科，开创了科举考试制度，为国家教育和选拔人才提供了新的方式。

唐朝无疑是中国教育完善和发展的重要阶段。唐高祖建制以后，继承了隋朝的教育制度，除国子监外，增设弘文馆、崇文馆两所贵族式学校。地方设立州学、县学。唐初，国子监学生已经有三千多人，皇帝、官员、外交使节都会来学校进行讲演和学习。除教育科目繁多以外，唐高宗还令当时在各学科有造诣的官员编写各科教材，指定为"国学行用"书籍。教育年限不等，有三年，也有七年，分科完成。学生来源也扬弃了魏晋唯出身论的陋习。科举考试制度也在这一时期得到完善。公元 702 年，武则天还创设了武举，以选拔武术人才。唐朝教育随着国力日盛，继而发展成为国际化教育。高丽、日本等国家都派遣留学生来长安学习。据统计，当时中央和地方学校在学人员达到六万多人。各科人才辈出，专科优异也可为官成为那个时期的主要体现。

■ 全盛：比你想的美

到了宋代，教育进入黄金时期。宋初为了加强中央集权的统治，在解除武将兵权的同时，重用儒臣，实行儒臣执政、以文代武的政策。宋太宗以后,提倡"用文德礼治",主张以儒学为修身之道。宋仁宗时,下诏州、县办学,进一步完善科举制度。这期间还出现过数次"教改",如扩大太学和国子监规模,增加讲经博士人数,规定凡受教育者才可参加科举考试,实施"三舍法"等,但均告失败。

宋代官学,规模空前,朝廷在中央设立国子监、太学、武学、律学及四门学和广文馆。中央各部门也设立书学、算学、画学、医学。地方上,设立州县两级学校,并在各路设立学官。教师先由地方选聘,后改聘进士或国子监、太学毕业学生,教材有国家统一颁布,多以五经为主。

有宋代,各地书院式私学盛行,主要缘于自唐朝以来,印刷业发达,书籍增多,民间可掌握的教育资料增加,又因五代时战乱四起,教育中断,想学习的人一般都集中在有学识的学者的周围,继而形成书院。宋朝时,官方为了对私人办学进行管理,对私学"赐匾""赐书""赐学田",给予承认、鼓励。于是书院形成了私学、半官办、官办私学等多种方式。另外由于当时有学识有威望的学者,比如朱熹、陆九渊都喜欢在书院讲学,在一定程度上提高了书院式私学的威望。著名书院有石鼓书院、白鹿洞书院、嵩阳书院、岳麓书院、应天府书院和茅山书院。南宋时期,书院规模扩大,学生增多,逐步在社会上形成另一种办学和上学的风气。书院也从最初的教学场所变为兼顾研究的学术机构。

北宋、南宋时期,由于朝廷重视文人,经济发达,使得国人受教育程度也越来越高。

辽、金两朝为了巩固本民族在中原的统治、笼络文人,仿照中原教育制度,对中国教育起到了推进作用。

■ 衰落：比你想的差

元朝统治者仿照宋制,在中央设立国子学、蒙古国子学、回回国子学三类学校。地方上各级行政区域除设立普通官学外,还设立培养专门人才的医学、蒙古学、阴阳学。在农村还设立启蒙式的小学校社学。元朝曾于公元1313年恢复科举制度,学习和考试《大学》《中庸》《论语》《孟子》为主,讲解以朱熹《四书集注》为准。以注解《四书》为考试内容,也从元代开始。虽然元朝拥有完善的教育体系,但由于统治者过分强调种族优越性,造成种族对立。元朝的教育制度并没有缓和这种对立情绪,进而转变为大规模农民暴动,导致亡国。教育情势急转直下。

■ 复苏:比你想的快

明朝开国后,和尚出身的皇帝朱元璋最让人刮目相看的一点就是非常重视教育,在刘基、宋濂等大臣的参与下,制定了一系列完善教育的方针政策。明朝在中央设立国子监、太学、宗学、武学、医学、阴阳学等学校。在地方,在内地省份设立府学、州学和县学,边疆省份设立卫学,统一名称为"儒学",按照地方行政等级不同称为都司儒学、行都司儒学、宣慰司儒学、按抚司儒学、诸土司儒学等。洪武八年还在乡村设立社学,明孝宗弘治十七年还规定乡村每35户就要设立社学一所。中央以礼部作为全国教育管理机构,地方则在诸路设置学政等官掌管教育。

由于科举考试实行几百年,逐步得以完善,程序越来越复杂,而在考试内容方面也越来越狭窄。明朝科举考试提倡程朱理学,以"四书""五经"为主,又以《四书大全》《五经大全》作为科举取士及全国统一教材。在考试模式上,规定必须使用八股文写作,严重影响了学生思想的多样性。

明朝初期,书院教育模式被禁止,后又逐渐小范围恢复。但这时期的书院已经褪掉私学的角色,成为官学的另一种形式。张居正当政时,大量毁坏书院。明朝末年,顾宪成被罢官遣回原籍,对朝廷政治不满,遂聚徒讲学,形成了历史上的"东林党",逐渐卷入政治旋涡中,书院教育也逐渐成了朝野政治斗争的工具。

明末，随着社会矛盾激化、内忧外患加剧，以及在经济发达地区产生的资本主义萌芽，黄宗羲、王夫之等人批评程朱理学主张的中庸之道，反对无关外界的"修身养性"，提出教育要"经世致用"，学习各方面知识，反对八股文钳制人的思想，讲求学习和实践结合。因其影响甚大，在一定程度上改写了旧的教育体制。

清代前期国家教育体系沿用明制。1644 年，清世祖入主北京，恢复科举考试，并修复国子监，改称国学，设置祭酒、司业及监丞、博士、助教、学正、学录、典籍、典簿等官，并设府道州县学，乡村设置社学、义学，边疆设置卫学。为满族和蒙古族设宗学、八旗学、蒙古学。后来在国学内设立满洲司，允许八旗子弟进入国学学习。清代前期教育和明朝教育体制变化不大，除进一步完善教育的基础建设以外，还增加老师的人数，提高老师的授课水平，注重老师的能力和学识。清朝也接受外国留学生在国子监学习。

清朝对严肃制度、慎重科名、防止弊案作出了更细致的规定，并相应地提高了科举考试人员的待遇。前期教育中，注重平衡各地的教育差距带来的考试不公平现象，按照各地教育的规模和入学人数分配考试录取名额。然而由于清朝在教材上以"四书"为主，考试内容也是在四书中寻章摘句，让考生根据官方注解进行解析，使得学生为了考试而考试，学习面过于狭窄，达到不知古不识人的程度。鸦片战争之后，洋务运动如火如荼，青年学生开始被派遣到外国留学，带回先进技术的同时，也带回许多先进的观念。在传统教育和外国教育的碰撞中，传统教育因在科技方面的缺失而越来越受到留洋学生的轻视。张謇提出"教育救国"，希望通过学习外国先进的文化，挽救中国的衰亡。但他不主张完全嫁接外国教育模式，提出严格教育论，"凡教之道，以严为轨。凡学之道，以静为轨，有害群者去之，无姑息焉"。容闳提出中国教育应借鉴西方模式，取消科举考试，让学生学习各方面知识。经历洋务运动、庚子国变之后，传统教育受到各界的批评。1904 年 1 月 13 日，清廷颁布张百熙等人重新拟定的《奏定学堂章程》，称为癸卯学制，为中国第一个由中央政府颁布在全国范围内实行的法定近代学制系统,标志着近代新式教育制度的确立。1905 年 9 月 2 日,清廷下诏宣布自次年起,科举制度废止。此后,新式教育在中国各地得到迅速发展。

■ 演进:比你想的深

19 世纪中叶,随着天主教会与基督教会进入中国,教会学校开始在中国出现。最早的教会学校是澳门的马礼逊学堂,培养了容闳、唐廷枢。到 19 世纪末,教会学校总数已达二千余所,在校生达四万名以上,一些新教学校在中学的基础上开设了大学班级。

至"洋务运动"时期,外事学校纷起。《南京条约》签订,国门洞开。为了适应政府和外国打交道,同治元年,设立同文馆,这是中国第一所教授外语的正规学校。同治二年,又在上海设方言馆,意为外国语言文字学馆。此外还有广东水陆师学堂、湖北自强学堂等专门教授外国科学知识的学校。

百日维新及新政期间,实施教育改革,朝廷令将各省道、府、州、县学改称学堂,一律改习中西之学。同时设立京师大学堂。变法失败后,袁世凯奏请在各省设立高等学堂、中学堂、小学堂,学生入学依次递升,不参加科举考试,也可以按照成绩优劣给予出身。新式学校兴起后,朝廷在光绪三十一年设立学部,作为管理国家教育的专门机构。在各省道府州县依次设置劝学所,为地方教育管理机构,设督办,提倡小学教育,参照本地方教育模式订立章程,设立小学校。

辛亥革命后,由于清末新式教育制度已基本完备,民国政府基本上继承了清朝的教育体系。中华民国北京政府将原掌管教育、文化的学部改为教育部,保留下属机构不变。在教育界,清末借鉴日本,民初转为主要借鉴美国。

1916 年,蔡元培出任北京大学校长,革新北大,开"兼容并包"的学术研究、思想自由的风气;陶行知、郭秉文在南京高师改"教授法"为"教学法",

倡导选科制、学分制、男女同校,逐渐在全国教育界通行。1922 年 11 月北洋政府颁行"壬戌学制",标志着现代教育体系在中国的确立。1927 年 12 月 11 日,国民政府公布《教育部组织法》,规定教育部为全国教育的最高行政管理机构。

■ 更生:步入新纪元

1949 年 10 月 1 日,中华人民共和国宣告成立;中华民族教育史从此翻开新的一页。毛泽东签发《中国人民政治协商会议共同纲领》,明确提出:"中华人民共和国的文化教育为新民主主义的,即民族的、科学的、大众的文化教育。"这是新中国成立初期对教育地位的基本定位。教育向工农敞开大门,保障了广大人民群众受教育的基本权利。此后,教育事业有了较大发展,形成了比较完整的国民教育体系,大中小学教育及成人教育初具规模,全日制教育、业余教育和半工半读教育共同发展,向祖国建设各行各业输送了数以千万计文化素质较好的劳动者和专业技术人才,教育事业成为社会主义建设事业的基础工程。

然而,突如其来的"文革"致使阔步前进的中国教育急转直下。直到 1978 年党的十一届三中全会召开,才得以扭转。

党的十一届三中全会后,邓小平同志多次就教育问题作出指示:"教育是一个民族最根本的事业""我们要实现现代化,关键是科学技术要能上去。发展科学技术,不抓教育不行。"1982 年 9 月,党的十二大报告第一次把教育提高到现代化建设战略重点之一的地位。1983 年 10 月 1 日,邓小平同志为景山学校题词:"教育要面向现代化,面向世界,面向未来",集中体现了他对教育地位的全面审视和战略思考,形成了新时期教育工作的重要指导方针。邓小平同志始终把教育看作全党的历史重任,动员全党全社会关心支持教育。1987 年 10 月,党的十三大明确提出:"把发展科学技术

我的未来不是梦

和教育事业放在首要位置。"邓小平同志为党和国家在新时期确立科教兴国战略和人才强国战略奠定了坚实的理论根基，开启了教育事业大发展的序幕。

党的十三届四中全会后，江泽民同志多次阐明他的教育观："百年大计，教育为本。教育是社会主义物质文明和精神文明建设极为重要的基础工程。它对提高全体人民的思想道德和科学文化素质，对培养一代又一代社会主义事业的接班人，具有重大的战略意义。我们必须加强教育工作，大力发展教育事业。"1992 年 10 月，江泽民同志在党的十四大上提出："我们必须把教育摆在优先发展的战略地位，努力提高全民族的思想道德和科学文化水平，这是实现我国现代化的根本大计。"这是江泽民同志首次对确认教育优先发展战略地位的重要表述。1995 年 5 月，党中央和国务院决定实施科教兴国战略。1999 年 6 月 15 日，党中央和国务院召开第三次全国教育工作会议，发布了关于深化教育改革、全面推进素质教育的决定。2002 年 11 月，江泽民同志在党的十六大部署到 2020 年的全面建设小康社会宏伟目标时，把教育和人力资源开发作为四大目标之一。

党的十六大以来，胡锦涛同志多次对教育工作作出指示、部署。2003年 12 月，党中央和国务院发布了在实施科教兴国战略基础上开始实施人才强国战略。2006 年 8 月 29 日，在中央政治局集体学习时，他指出："教育涉及千家万户，惠及子孙后代，是体现发展为了人民、发展依靠人民、发展成果由人民共享的重要方面。保证人民享有接受教育的机会，是党和政府义不容辞的职责，也是促进社会公平正义、构建社会主义和谐社会的客观要求。"同年 10 月，党的十六届六中全会明确提出了"坚持教育优先发展，促进教育公平"的重要理念。2007 年 8 月 31 日，胡锦涛同志在全国优秀教师代表座谈会上指出："继续坚持好、落实好把教育摆在优先发展的战略地位的方针，大力倡导尊师重教，大力发展教育事业，大力提高全民族素质，为全面建设小康社会、加快推进社会主义现代化、实现中华民族伟大复兴提供强大的人才和人力资源保证。"并且提出了"以更大的决心、更多的财力支持教育事业，经济社会发展规划要优先安排教育发展，财政资金要优先保障教育投入，公共资源要优先满足教育和人力资源开发需要"的具体要求。同年 10 月，胡锦涛同志在党的十七大报告中，围绕"现代国民教育体系更加完善，终身教育体系基本形成，全民受教育程度和创新人才培养水平明显提高"，发出了新世纪新阶段推动我国从人力资源大国迈入人力资源强国行列的新的动员令。

党和国家领导人对教育倾注了心血，推动了教育的发展、繁荣；教师有了更大更多的用武之地，继续为造就各类人才贡献心智与才华，发挥着不可替代的、积极的作用。

……

夸美纽斯说："教师的职业是太阳底下最光辉的职业。"

乌申斯基说："教师是过去和未来之间的一个活的环节。它的事业，从表面来看虽然平凡，却是历史上最伟大的事业之一。"

他们说的多好！

这，正是千百年来老师光辉形象的写照！

我的未来不是梦

师表风范

第二章

师出有名

孔子讲学

◦导读◦

　　翻开厚重的教育史，我们会发现，好多从教者的从教历程其实就是他们的办学史。他们克千难、历万险，筚路蓝缕，披荆斩棘，其实只是为了圆一个教学梦——把自己平生所学毫无保留地奉献出来，得以传承，从而薪火相继；让更多的学子享有接受教育的权利，从而改变人生。且让我们一一记下那些在办学路上辛苦跋涉过、跋涉着的老师的名字吧！

■ 他的遗产是学校

张謇,对于许多人而言,是一个极其陌生的名字。可是,这却是一个不该被忘却的名字。

清咸丰三年(1853),张謇,字季直,出生于江苏海门厅长乐镇(今海门市常乐镇)。父亲是个农民兼小商人,在人生的路上吃尽苦头,因此巴望他求取功名,光宗耀祖,故不惜投入,请来一位老秀才,专为张謇兄弟5人讲授学业。而张謇,似有不俗的天分以及颇高的期求,小小年纪就曾对出"我踏金鳌海上来"之句,其中饱含对于科考成名的雄心壮志、志在必得,似乎预示着他会一举夺魁、金榜高中。然而张謇的科考之路却始终荆棘丛生,从16岁中秀才后,5次乡试均铩羽而归。直至33岁,才考中第二名举人,声名渐显,成为"清流"着重延揽的对象,但此后张謇4次参加会试均告失败。1894年,慈禧太后六十大寿设恩科会试,张謇奉父命再次进京,幸得帝师翁同龢暗中相助,得中一甲一名状元,循例授六品翰林院修撰。

自1868年中秀才以来,张謇在入仕的道路上摸爬滚打了26个年头,进出科场20多次,直接耗费在考场上的时间合计就有120天,其中的痛苦与荒诞不堪回首。所幸的是他并未执迷不悟,成为范进那样的书呆子,在应试的岁月中,张謇先后参与水利、教育、政治、军事等方面的实际工作,加深了对国情的了解,对清廷的腐败、国势的颓危有了切肤之痛。数十年在科举试场中连连受挫,耗费了无尽的心血,也使张謇功名利禄之念趋于淡泊。就在张謇高中状元那一年,中日甲午海战爆发,并以中国惨败收尾,更强化了他对满清王朝的失望，从而发出"愿为小民尽稍有知见之心，不愿厕贵人更不值计较之气；愿成一分一毫有用之事，不愿居八命九命可耻之官"的感喟。1898年，为父守孝三载的他到北京销假，时值"百日维新"，恩师翁同龢被罢官，心知官场险恶难测的张謇，遂于一年后告别仕途。

然而，张謇的爱国热忱并未因此削减。其时，面对甲午之耻，许多仁人志士纷纷呼吁"设厂自救"，发展中国民族资本主义，以壮国力，抵御西方列强的扩张渗透。张謇意识到"策中国者，首曰救贫，救贫之方，首在塞漏"，"实业救国"的思想由此形成，毅然弃"士"从商，走上了创办实业的道路。

张謇筹办的第一家公司就是大生纱厂。创业之初，为了筹集资金，可谓忍辱负重、历尽艰难，甚至有过连旅费都要靠卖字来换取的经历。张謇似乎真的是位经商奇才，在极度困难之下，他竟首开发行股票之先河，以吸纳社会游资。大生纱厂股票成了民族资产阶级最早发行的棉纺织企业股票，大生纱厂也成为中国首家棉纺织股份制企业。1899年5月，大生纱厂建成投产，并很快掘得"第一桶金"。

此后，大生纱厂的"雪球"越滚越大，张謇也将自己创业的触角伸展到各个领域：1901年，兴建中国第一家农业股份制企业通海垦牧公司，揭开中国农业企业化的新篇章；1903年，兴建中国第一家盐业改革试点同仁泰盐业公司；1904年，建天生港码头，为长江航运史上第一座中国人营建的近代化港口码头；1905年，建港闸公路，系中国最早的公路；1921年，建大生三厂至青龙港铁路，为中国民族资本经营的第一条铁路；1920年建南通绣品公司美国分公司，系中国民族资本经营的第一家海外公司，是中国民族资本拓展市场，走向世界的一个标志。

此外，张謇还创办了淮海银行、大达轮船公司以及大昌纸厂、通燧火柴厂以及许多服务性的企业单位，渐渐形成了大生集团。实业巅峰时期的张謇，身兼多个大公司的董事长、总理等要职，俨然成为近代中国实业界的泰斗。到1924年，资本总额已多达770余万两；张謇的商海生涯也随之达到巅峰。

"求国之强，当先教育"。张謇有过长期科考生涯，深知当时教育的弊端,要培养一代新人,就必须有新的教学体系和新一代的教育者。在建议首先兴办师范学校未获清廷支持后,失望之余,张謇毅然决定集资在南通兴办师范学校。就这样,通州师范学校纳入创建日程,于 1902 年 7 月动工。期间,张謇事无巨细,亲身督察,仅花 8 个月时间,该校即于 1903 年 4 月正式开学。通州师范学校属中等师范学校,主要培养小学教师。张謇为学校聘请了国内著名学者王国维以及日籍教师木造高俊等来校创设杏坛,所招学生均为秀才,具有一定旧学功底。建校初,学生限招南通地区,以后扩展到江苏各地与山西、陕西、甘肃、江西、安徽等省。

以此为发端,紧接着,一系列学校紧锣密鼓地创建:1906 年,建通州女子师范学校,这是中国第一所设完全科的女子师范学校;1905 年,张謇与马相伯在吴淞创办了复旦公学,此为复旦大学的前身;1906 年创建吴淞商船学校;1907 年,创办了农业学校和女子师范学校;1909 年创建通海五属公立中学(即今南通中学),创办邮传部上海高等实业学堂船政科,为上海海事大学前身;1912 年创办了医学专门学校和纺织专门学校;1914 年又创办了河海工程专门学校(河海大学前身),江苏省立水产学校(为上海海洋大学的前身),并陆续兴办一批小学和中学;1917 年,在张謇大力支持下,同济医工学堂(同济大学的前身)在吴淞复校;1921 年,上海商科大学在上海成立;1914 年建南通县立女红传习所,为中国第一所刺绣职业教育学校,聘清政府农工商部绣工科总教习沈寿传授刺绣技术。并与沈寿合编中国第一部系统总结刺绣艺术的专著《雪宦绣谱》。

在将心血倾注于师范与中小学教育时,有感于当时中国 80 万盲哑人"教育无人"的严重社会问题,张謇开始涉足"特教"事业。1916 年建南通盲哑学校,是中国人创办的第一所盲哑学校,同时,还开办了盲哑师范传习所,以培养盲哑师资,改变了盲哑人未受教育时"贫者乞食,富者逸居"的状况。南通盲哑学校的创办,"开华人自办盲哑教育之先河"。1919 年,建伶工学社,为中国第一所新型戏曲学校,先后入社者 90 多人,不少毕业生后来成为全国著名演员或地方戏曲骨干。在近代史上,伶工学社与盲哑学校一样,成为"中国特殊教育之鼻祖"。

......

"师范启其塞,小学导其源,中学正其流,专门别其派,大学会其归。"这是张謇对教育的内外关系定位,也是他多年坚持办学的指导理念。

细加归结,不难发现,无论是创办实业还是办学,张謇都称为"富强之大本",并都以南通为基地。那是因为,同样拥有着"修身、齐家、治国、平天下"济世理想的张謇,意识到"天下太大,唯有治理一方水土"之理。20 年下来,倾注了张謇汗水和热血的南通已然成为当时中国最出名的县城。

然而,由于张謇将很多利润都投入于公共事业上,已远超出企业正常的负荷能力;而在经营中,张謇所办的近 20 家垦牧产业,也带有很强的社会公益性性质,投资大、周期长,围海 400 万亩,累计投入资金 2119 万元,最终竟全数告败。1922 年,在北京、上海报纸举办的成功人物民意测验中,投票选举"最景仰之人物",张謇得票数最高。走到了一生的顶峰,这一年正好是他 70 大寿。也正是这一年,一场突如其来的棉纺织业危机,为张謇辉煌的创业史画上了句号,大生由盛转衰,黄金时代一去不返。

1926 年 7 月 17 日,张謇黯然辞世。张謇曾说:"天之生人,与草木无异,若留一二有用事业,与草木同生,即不与草木同腐。"他的确做到了"不与草木同腐",因为,他留给他的独生儿子张孝若和这个世界的,没有什么钱财,也不是他创办的 20 多个企业,而是 370 多所各类学校,以及他的精神。胡适评价张謇:"张季直先生在近代中国史上是一个很伟大的失败的英雄,这是谁都不能否认的。他独立开辟了无数新路,做了三十年的开路先锋,养活了几万人,造福于一方,而影响及于全国。"

逐梦箴言

张謇在应试中度过了难忘又难堪的 120 天，最终成为晚清末代状元。这样的历程设能让他成为"范进第二"，却使他意识到了科举制度的弊端、晚清社会沉疴所在，从而以开阔的视野去打量时局，并以此为发端实现自己改造社会的弘愿。张謇倾尽心力建造了数百所学校，那是他留给人世最可宝贵的遗产，因为那承载了他不可磨灭的精神之光。

知识链接

张謇的 20 宗"最"

张謇一生创造了许多近代中国之最，一定程度上影响了中国近代化的方向与进程。

1. 大生纱厂，1899 年建，中国第一家棉纺织股份制企业。

2. 通海垦牧公司，1901 年建，中国第一家农业股份制企业。

3. 同仁泰盐业公司，1903 年建，中国第一家盐业改革试点。

4. 通州民立师范学校，1903 年建，中国最早的民办师范学校。

5. 天生港码头，1904 年建，长江航运史上第一座中国人营建的近代化港口码头。

6. 港闸公路，1905 年建，中国最早的公路。

7. 南通博物苑，1905 年建，中国最早的博物馆。

8. 通州女子师范学校，1906 年建，中国第一所设完全科的女子师范学校。

9. 南通新育婴堂，1906 年建，中国人创办的第一所新式托儿所。

10. 南通纺织专门学校，1913 年建，中国第一所纺织专科大学，第一所厂办大学。

11. 河海工程专门学校，1914 年建，中国第一所水利专科学校。

12. 南通县立女红传习所，1914 年建，中国第一所刺绣职业教育学校。

13. 盲哑师范传习所，1915 年建，中国第一所培养盲哑师资的学校。

14. 南通盲哑学校，1916 年建，中国人创办的第一所盲哑学校。

15. 军山气象台，1917 年建，中国人创办的第一家气象台。

16. 伶工学社，1919 年建，中国第一所新型戏曲学校。

17. 与沈寿合编《雪宦绣谱》，1919 年由翰墨林印书局出版，中国第一部系统总结刺绣艺术的专著。

18. 南通绣品公司美国分公司，1920 年建，中国民族资本经营的第一家海外公司。

19. 大生三厂至青龙港铁路，1921 年建，中国民族资本经营的第一条铁路。

20. 主编《导淮测量处成绩》，1924 年由翰墨林印书局出版，中国第一部淮河流域水文资料汇编。

张謇

■ "校主" 陈嘉庚

1990 年 3 月 11 日,国际小行星中心和小行星命名委员会将中国科学院紫金山天文台 1964 年发现的第 2963 号小行星命名为"陈嘉庚星",以表彰陈嘉庚对教育事业的杰出贡献。

陈嘉庚,有着一系列光芒四射的头衔:著名的爱国华侨领袖、企业家、慈善家、社会活动家,比起这些头衔来,他的另一个头衔更是毫不逊色:教育家。

1874 年 10 月 21 日,陈嘉庚出生于福建省同安县集美社(现属厦门市集美区)。那些年战乱不断,很多人远赴南洋讨生活,这里便成了著名的侨乡。陈嘉庚的家庭,也是一个华侨世家。他的出生地,曾有着十分光辉的历史。自小他便沉醉在郑成功、林则徐等爱国英雄的故事中,对他们充满了敬仰,激发了他早日报效祖国的热忱。

1891 年,陈嘉庚 17 岁时前往新加坡谋生。起初主要在他父亲陈杞柏经营的顺安米店服务,共做了 13 年。陈杞柏晚年实业失败,顺安于 1904 年停业,欠债权人 20 余万。新加坡当时的法律规定"父债子免还",但以信誉为重的陈嘉庚却宣布"立志不计久暂,力能做到者,决代还清以免遗憾也"。艰苦奋斗了 4 年时间,花了许多时间和精力——找到债主,连本带利还清了父亲所欠的债务。陈嘉庚"一诺万金"的信誉迅速传遍了东南亚,大小商家都乐于与他做生意。正是靠着极佳的口碑以及出众的经商才华,加之艰苦卓绝的奋斗,陈嘉庚所向披靡,使他成为著名的"菠萝'苏丹'"、"橡胶大王"。从一位身负 20 余万外债的"负翁"摇身变为百万富翁,他只用了大约 10 年的时光。

跻身富豪行列,陈嘉庚报国之念更加强烈。有感于"国家之富强,全在于国民,国民之发展,全在于教育,教育是立国之本。""民智不开,民心不齐,启迪民智,有助于革命,有助于救国,其理甚明。教育是千秋万代的事业,是提高国民文化水平的根本措施,不管什么时候都需要。"他首先想到的是兴学报国。

早在 1894 年,陈嘉庚就捐献出 2000 银元,在家乡创办惕斋学塾。1913年,创办集美高、初等小学校。以后他与胞弟陈敬贤一起,边集资边办学,办学规模不断扩大,又相继创办女子小学、师范、中学、幼稚园以及水产、航海、商科、农林、国学专科等,并逐步发展,在校内建起电灯厂、医院、科学馆、图书馆、大型体育场、教育推广部,统称"集美学校";此外,他还资助了闽南 20 个县市 110 多所学校,并提供办学方面的指导。1923 年,孙中山大元帅批准"承认集美为中国永久和平学村";"集美学村"由此得名。规模这样宏大、体系这样完整的"学校",全国找不到第二个。昔日偏僻无闻的渔村,迅速崛起为举世闻名的兴学之地。

在陈嘉庚办学的光辉历程中,厦门大学无疑是个不可磨灭的"亮点"。

1921 年,已经兴办各类学校的陈嘉庚,更进一步,认捐开办费 100 万元,常年费分 12 年付款共 300 万元,创办了厦门大学,开设文、理、法、商、教育 5 院 17 个系。这是一所华侨创办的唯一大学,也是全国唯一独资创办的大学。它于 1921 年 4 月 6 日开学,从此卓然屹立。

陈嘉庚还将捐资兴教的火种引燃到新加坡。他对当地华侨子女的教育非常热心,竭力倡办华文学校,曾任新加坡道南学校总理。在承担集美、厦大两校庞大开支的同时,陈嘉庚于 1914 年在新加坡捐资创办崇福女校,1919 年创办了规模宏大的"新加坡南洋南洋华侨中学",是当时南洋地区华侨的最高学府。在抗日战争结束后,他又创办了水产航海学校、南侨师范和南侨女中等学校。值得一提的是,当时有教会请陈嘉庚捐款 10 万元创办一所大学,陈嘉庚慨然答应,但提出要以兼设中文课程为条件。

至 1934 年,陈嘉庚用于兴学的资金已超过一亿美元,几乎等于他的全部家财。人们亲切地称陈嘉庚先生为"校主"。

陈嘉庚倾资兴学,带动了众多有志之士。许多华侨纷纷捐资兴学,一度蔚然成风,影响极为深远。

有人说,陈嘉庚办这么多的学校无非是在提高自己的声誉,但事实却并非如此。他没有把它作为一种资本,相反为此作出了巨大牺牲。

陈嘉庚一直提供集美、厦门学校经费达 90 万元。1929 年 10 月,资本主义世界经济危机爆发,致使新加坡橡胶业大萧条;当时,陈嘉庚公司欠银行债款近 400 万元,公司资产仅为 200 多万元,已是资不抵债。以英国汇丰银行为首的债权银行要求陈嘉庚停止支持集美、厦大经费,被陈嘉庚断然拒绝。他认为自己不能也不应放弃义务,学校办起来了,就得维持下去,一旦关了门,恢复就无望了。学校如果关停,不仅耽误青少年前途,而且社会影响不好, 罪莫大焉。为了维持集美学校和厦门大学的经费不至于中断,陈嘉庚做了许多努力,甚至贱价出卖了橡胶园。面对艰难境遇,陈嘉庚态度仍很坚定地表态:"宁可变卖大厦,也要支持厦大"。他把自己的三座大厦卖掉,作为维持厦大的经费。

陈嘉庚在投资办学方面不惜一切。为集美和厦门大学兴建数十座雄伟的高楼大厦,自己的住宅却是一所简朴的二层楼,既小且暗,办事不便,但他仍怡然自乐。他的生活极为艰苦朴素,床、写字台、沙发、蚊帐等都是旧的,外衣、裤子、鞋子、袜子全都打着补丁,伙食标准达到苛刻的地步。

陈嘉庚事业达到顶峰时,不过拥资一两千万元左右,在当时的华人企业家中,比他富有的人为数不少,但为国家和民族兴学育才始终如一地慷慨捐献而自己一生过着非常俭朴的生活的,唯有陈嘉庚。正因为如此,黄炎培先生曾说:"发了财的人,而肯全拿出来的,只有陈先生。"他办学的时间之长、规模之大、毅力之坚,为中国及世界所罕见。

1932 年,陈嘉庚辛苦创办的企业宣告收盘。虽然他的事业走到了末路,但陈嘉庚却从不后悔,因为他成功地创办了这么多学校。

1949 年,新中国成立后,陈嘉庚回国定居,仍致力于祖国的教育事业。

1961 年 8 月 12 日，这位杰出的教育家病逝于北京。弥留时他仍念念不忘嘱咐"把集美学校办下去"。他逝世前国内存款尚有 300 余万元，可是按照他的遗嘱，一分钱也没有留给子孙，而是全部献给国家。

陈嘉庚为兴学育才奋斗了一生、贡献了一生。

陈嘉庚作为重要的历史人物，影响远远超出了国界。他为民族教育呕心沥血，也为辛亥革命、抗日战争、解放战争、新中国的建设作出卓越的贡献，曾被毛泽东称誉为"华侨旗帜、民族光辉"。为了感谢他对国家作出的不朽贡献，中华人民共和国给予其国葬的哀荣。

有一天，当你有机会站在天文望远镜跟前，请你一定要找寻那颗被命名为"陈嘉庚星"的第 2963 号小行星；同时，你一定要牢记这个名字和他动人的事迹。

逐梦箴言

陈嘉庚爱乡爱国，这是他"宁可不建大厦，也要建设厦大"誓言的出发点。爱是最强劲的动力。有了它，必将无往而不胜、历艰辛而不改初衷。

知识链接

陈嘉庚的教育思想

陈嘉庚不仅是实业家，而且是教育家。在长期办学实践中，形成了他的教育思想：

第一，提倡女子教育，反对重男轻女。大力倡办女子学校，让女子能上学。这在当时的历史条件下，开了风气之先，是难能可贵的；

第二，强调优待贫寒子弟，奖励师范生。他反对办学分贫富，尽力帮助贫寒子弟上学。同时，他非常注意师范生的培养，严格选择和物色师资人才，对于优秀者加以奖励；

第三，讲究教学质量，注重全面发展。陈嘉庚从办学开始，就一直注意"德、智、体三育并重"，强调全面发展；

第四，主张"没有好教师，就没有好学校"，强调要确立教师在学校的主导地位。他认为要办好学校，关键在于领导和教师，"千军易得，一将难求"，要提高教学质量，很重要的一条，就是要"选教师"，因此，他十分重视选择校长和教师；

第五，为了振兴实业，培养生产技术人才，倡办职业技术教育；

第六，要求普及教育，并订下"十年普及教育计划"，设立教育会和教育推广部。

他为教育事业奋斗了一生。

陈嘉庚

■ 一生向学的圣人

孔子所生活的鲁国,有着很好的礼乐文化传统,典籍完整、丰富,令天下人向往,是仅次于洛阳的礼乐文化中心。鲁襄公 29 年,也就是孔子 8 岁的时候,吴国的季札来鲁国考察"乐",不禁为这里的优美的诗乐之声所陶醉,连连发出惊叹。季札评价说:"天下的乐,听到这里也就可以了。"

四年后,到了鲁昭公 2 年,也就是孔子 12 岁时,晋国的大夫韩起又来鲁国访问,面对着《易》、《象》等大量的文化典籍,不由得感慨万千:"周朝的各种礼仪,鲁国都有啊!"

居住这样一个国度里,百姓的生活应该非常幸福。

其实也不尽然。鲁国虽说是礼乐文化大国,它的"乐"名满天下了,"礼"的传承并不完善。说起来让人惭愧——鲁昭公七年,鲁国大夫孟僖子陪同鲁昭公访楚。这一年,楚灵王刚好筑成章华台,遍请天下诸侯,参加落成典礼,鲁国是在必请之列。这一次出访,君臣二人受到各国的礼遇,可是作为副使的孟僖子面对这些礼遇却束手挠头,尴尬万分。他们途经郑国时,郑简公在城门外慰劳他们,孟僖子不知道如何相礼;到达楚国时,楚灵王在城外举行效劳礼,孟僖子不知如何答礼……鲁昭公觉得大失体面。这次出行对鲁国君臣的刺激很大,回国后,就下定决心,研究礼仪,向懂礼的人请教。

鲁国注重礼的功用,除了颜面上的问题,更重要的是政治上的需要。在那个时代,没有哪个国家愿意与不懂礼仪的国家交往。

孔子重礼,也是受这样的国体氛围熏陶。

孔子小的时候，常和邻家的孩子去太庙玩耍。太庙是周公的宗庙，那里除了陈列大量的文物器皿外，也是鲁国举行礼仪祭祀活动的重要场所。有一次，孔子和伙伴们正玩在兴头上，忽然听到大殿之上传来了鼓乐之声。孔子知道，这是鲁国的国君来太庙祭祀了，这是一件十分庄重的事。别的孩子还在疯跑，只有孔子停下了脚步，他躲到一棵柏树的后面，仔细而认真地观察着国君的仪仗和祭典程序。

鲁国国君穿着深色礼服，步履又缓又稳地进入大殿。紧接着，洪亮的祷告之声传了出来，使人肃穆而虔诚。孔子的心里一亮，就好像浑浊的天空被人划开一条缝隙，而阳光就顺着这缝隙射进来了。他想：礼啊，真是博大而精深啊！

那以后，孔子的母亲总能看到孔子在院子里"祭祀"——他学着国君的样子，设三宝、行大礼，把他在太庙看到的"礼"一点不差地模仿下来。母亲颜征又吃惊又感动，欣慰地自言："这孩子，做游戏都和别人不一样，长大一定会有出息的！"

孔子好学，非常人可比。

青年孔子听说师襄子的琴艺是鲁国最好的，便登门去拜访。师襄子向他讲了琴声以及宫、商、角、徵、羽之间的乐理关系，然后又教孔子弹琴的指法。孔子学习认真，一连几天都在练习一个曲子。师襄子不解，指导他说："这个曲子你已经学会了，可以学新曲子了。"谁知，孔子却说："老师啊，曲子的调子我学会了，但这演奏的技法还太生疏啊。"过了一阵子，师襄子说："技法也行了。"孔子回答说："技法是熟了，但我还没有领会它的神韵，理解它表现出来的志向。"又过了些日子，师襄子说："你的演奏，神韵、志向都出来了。"孔子连连摇头，"我还没有体会这曲子的作者是谁，并想象他的相貌和风采……"沉思一会，孔子突然高兴地大叫道，"我体会到了，我体会到了，是周文王啊！除了文王，谁能作出这样的曲子啊！"

师襄子听了孔子的话，惊讶地站起来，连连给孔子行礼，他说："这正是《文王操》啊！"

从此，他对孔子另眼相看。

鲁昭公十七年，郯国派郯子来朝见鲁公。鲁国的大夫邵子问起郯子关于少昊时以马为官员的情况，郯子一一作了解答。孔子知道道貌岸然这件事后，马上赶到郯子那里，向他请教机关的问题。这时孔子 27 岁，是一个标准的年轻人。郯子见孔子虚心，便请他坐下来，回答他所提出的问题。

郯子所说的事，书本上没有记载，所以孔子认为更加珍贵，均一一记录下来。

孔子不放过任何一个可以学习的机会。

孔子所生活的时代，没有纸张，没有印刷技术，人们想得到一本书，就要一个字一个字地刻在竹片上，然后把竹简按顺序用皮绳串起来，连成一本书。孔子一生爱《易》，所以《易》这本书就是他自己刻出来的。由于经常翻阅，穿简的皮绳易断，断了还要再穿，如此反复，那些竹片都被磨亮了。冬天里，气温低，人冷得伸不出手来，孔子常常是拿着那些竹片，若有所思地望着窗外，叹息说："我老了，大概就要死了。如果老天还能让我多活几年，我对《易》的研究就会更深一些。一个人要学而不已，盖棺乃止啊！"

——即使到了老年，孔子也是"韦编三绝"而手不释卷！孔子后来专心办学，桃李遍天下，成为具有世界影响的大教育家、大思想家，很大程度上受益于他那孜孜不倦、一生向学的态度。

逐梦箴言

善于"传道、授业"的良师必定是"学习型"的，唯其如此，才能以更广、更新的知识去教导学生。

知识链接

孔子学院

孔子的学说传到西方,是从 400 多年前意大利传教士把记录孔子言行的《论语》一书译成拉丁文带到欧洲开始的。而今,孔子学说已走向五大洲,各国孔子学院的建立,正是孔子"四海之内皆兄弟""和而不同"以及"君子以文会友,以友辅仁"思想的现实实践。

孔子是中国传统文化的代表人物,选择孔子作为汉语教学品牌是中国传统文化复兴的标志。为发展中国与世界各国的友好关系,增进世界各国人民对中国语言文化的理解,推广汉语文化,中国政府在 1987 年成立了"国家对外汉语教学领导小组",简称为"汉办"。孔子学院就是由"汉办"承办的。它秉承孔子"和为贵"、"和而不同"等理念,推动中国文化与世界各国文化的交流与融合,以建设一个持久和平、共同繁荣的和谐世界为宗旨。中国国家领导人非常重视孔子学院的建设发展,许多孔子学院的授牌挂牌仪式都有国家相关领导人参加,2009年习近平副主席亲自参与挂牌仪式的就有 3 个。未来中国向世界出口的最有影响力的产品不是衣服、鞋子、彩电、汽车等有形物,而是中国文化及国学。

"孔子学院总部"设在北京,2007 年 4 月 9 日挂牌,境外的孔子学院都是其分支机构,主要采用中外合作的形式开办。

孔子学院,即孔子学堂,并非一般意义上的大学,而是推广汉语和传播中国文化与国学的教育和文化交流机构,是一个非盈利性的社会公益机构,一般都是下设在国外的大学和研究院之类的教育机构里。

孔子学院最重要的一项工作就是给世界各地的汉语学习者提供规范、权威的现代汉语教材;提供最正规、最主要的汉语教学渠道。全球首家孔子学院 2004 年 11 月 21 日在韩国首尔成立。目前孔子学院已在 106 个国家的 350 多个教育机构落户,中小学孔子课堂达 500 多个,成为推广汉语教学、传播中国文化及汉学的全球品牌和平台。

　　孔子学院标识使用简体中文"汉"字的变体,融合昂首高飞的和平鸽和地球两种图案。简洁明快,刚柔并蓄,动感有力,既充分体现了中国传统的语言文化,又体现了快速向现代化迈进的时代步伐,与目前中国国家语言推广机构——国家汉办的标志有一定的传承性,是国家汉办"创新、集成、跨越"工作方针的生动体现。

《论语》

　　《论语》是名列世界十大历史名人之首的中国古代思想家孔子及其弟子言行的一部集子。由孔子弟子及其再传弟子编撰而成,成书于战国初期。今本《论语》系东汉郑玄混合各本而成,为研究孔子思想的主要资料,儒家学派的经典著作之一。它以语录体和对话文体为主记录,集中体现了孔子的政治主张、伦理思想、道德观念及教育原则等。《论语》的语言简洁精炼,含义深刻,其中有许多言论至今仍被世人视为至理。现存《论语》20篇,492章,其中记录孔子与弟子及时人谈论之语约444章,记孔门弟子相互谈论之语48章。

　　《论语》与《大学》《中庸》《孟子》《诗经》《尚书》《礼记》《易经》《春秋》并称"四书五经"。

■ 蒙台梭利？就是她

　　蒙台梭利是谁？相信一定能有人给出答案。的确，作为享有世界声誉的幼教专家，她的贡献无与伦比。

　　蒙台梭利，全名玛利亚·蒙台梭利，她是教育史上一位杰出的幼儿教育思想家和改革家、意大利历史上第一位学医的女性和第一位女医学博士。

　　1870 年 8 月 31 日，玛利亚·蒙台梭利出生在意大利安科纳地区的基亚拉瓦莱小镇。父亲亚历山德鲁·蒙台梭利，是贵族后裔和性格平和保守的军人，母亲瑞尼尔·斯托帕尼是虔诚的天主教徒，博学多识、虔诚、善良、严谨、开明。作为独生女的蒙台梭利深得父母的宠爱，受到良好的家庭教育。因此从小便养成自律、自爱的独立个性，以及热忱助人的博爱胸怀。

　　蒙台梭利 5 岁时，因父亲调职而举家迁居罗马，开始了她的求学生涯。蒙台梭利虽是独生女，但父母并不溺爱她，而是注意对她的教育，如要求她守纪律，同情和帮助穷苦和残疾的儿童。因此她幼年时就特别关心那些不幸的儿童，尽可能地帮助他们。玛丽亚从孩提时代起，自尊心就非常强。有一位老师对学生不尊重。有一次这位老师曾用略带侮辱的口吻提及她的眼睛。为了抗议，玛丽亚从此不在这老师面前抬起"这对眼睛"，她认为孩子也是一个人，也需要受到尊重。在安科纳上小学时，蒙台梭利就表现出关心、帮助其他儿童的倾向，对教师轻视儿童和侵犯儿童人格尊严的态度和行为极为反感。

　　13 岁时，她选择了多数女孩不感兴趣的数学，进入米开朗基罗工科学

我的未来不是梦

校就读，并以最优秀的成绩毕业。后来，求学过程中发现对生物有兴趣，即于1890年进入罗马大学读生物。读了生物，蒙台梭利觉得对医学有了浓厚的兴趣，她又作了一个前所未有的决定——学医。"女孩子学医"在当时保守的欧洲社会里，是破天荒的事情。但蒙台梭利不顾父亲的反对、中断经济上的资助的要挟，以及教育制度的限制，凭着她不屈不挠的努力，终于获准进入医学院研读。由于她是班上唯一的女生，时常单独留在解剖室做实验，与死尸独处；再加上依然持续的来自各方面的沉重的压力，无人可以倾诉，她都能独力承受、坦然面对。因而培养出异于常人的毅力，为她日后献身儿童教育，奠定了成功的基石。

26岁那年，蒙台梭利获得罗马大学医学博士学位，成为该大学和意大利的第一位女医学博士。随即在罗马大学附属医院任精神病临床助理医生，诊断和治疗身心缺陷儿童。当时意大利把智障儿童与精神病患者一起关押在疯人院里。室内没有玩具，甚至没有任何可供儿童抓握和操作的东西；管理人员态度恶劣，根本不组织任何活动。蒙台梭利对这些儿童的处境深表同情。通过观察和研究，她深深感到，这种医疗方法只能加速儿童智力下降。从此，她对智障儿童的治疗和教育问题产生了兴趣，决心用自己的智慧去帮助他们。为了找到一种适合智障儿童的教育方法，蒙台梭利认真研究了法国心理学家伊塔和塞根的教育思想和方法。她亲自翻译他们的著作，亲手抄写，以加深理解。伊塔和塞根的教育思想和方法深深地影响了蒙台梭利，她认为这就是"科学的教育学"的先导。

1898年，在都灵召开的教育会议上，蒙台梭利作了以《精神教育》为题的演讲，阐述了对智障儿童教育的思想和方法。她指出："儿童的智力缺陷主要是教育问题，而不是医学问题"，并向社会呼吁，智障儿童应当与正常儿童一样享有同等受教育的权利。蒙台梭利发现，智力缺陷儿童的心理水平一般比同龄的正常儿童差，但与年龄更小的正常儿童有很多共同的特点，如感官发育不完善，动作不协调，走路不稳定，不能从事脱衣服之类的活动，没有掌握语言，注意力不集中等。因此她确信，自己为智力缺陷儿童设计的教育方法也适用于正常儿童，而且会获得更显著的效果。于是，她决心献身于正常儿童的教育工作。

在这种思想支配下，1901年，蒙台梭利离开精神治疗学院，再次回到罗马大学，进修哲学、普通教育学、实验心理学和教育人类学，以扩大和加深自己的理论基础，进一步研究教育正常儿童的方法，为以后从事正常儿童的教育打下坚实的基础。

1907年蒙台梭利在罗马贫民区建立"儿童之家"，招收3至6岁的儿童加以教育。她运用自己独创的方法施教，竟出现了惊人的效果：那些"普通的、贫寒的"儿童，几年后，心智发生了巨大的转变，被培养成了一个个聪明自信、有教养的、生机勃勃的少年英才。蒙台梭利教育法的特点在于十分重视儿童的早期教育，她为此从事了半个多世纪的教育实验与研究；她的教学方法从智力训练、感觉训练到运动训练，从尊重自由到建立意志，从平民教育到贵族教育，为西方工业化社会的持续发展，提供了几代优秀的人才基础。蒙台梭利崭新的、具有巨大教育魅力的教学方法，轰动了整个欧洲，人们仿照蒙台梭利的模式建立了许多新的"儿童之家"。1909年，蒙台梭利写成了《运用于儿童之家的科学教育方法》一书。1912年这部著作在美国出版，同时很快被译成20多种文字在世界各地流传；100多个国家引进了蒙台梭利的方法，欧洲、美国还出现了蒙台梭利运动；1913年至1915年，蒙台梭利学校已遍布世界各大洲。到40年代，仅美国就有2000多所。蒙台梭利在世界范围内引起了一场幼儿教育的革命。

1929年，"国际蒙台梭利协会"在丹麦成立，蒙台梭利任会长。此后，10多个国家相继成立了"蒙台梭利学会"。从1929年至1951年蒙台梭利逝世前，"国际蒙台梭利协会"召开了9次大会，蒙台梭利连任9届大会主席。到1952年蒙台梭利逝世时，欧美和印度等地都建立了蒙台梭利学会，"儿童之家"则遍及世界各地。

蒙台梭利为促进儿童智力发展和实现世界和平奋斗了一生。她生前曾经获得许多荣誉和奖励，反映了世界各国人民对她的热爱与尊敬。法国授予她"荣誉社团会员勋章"；她的故乡安科纳和米兰等地授予她"荣誉公民"的称号；荷兰阿姆斯特丹大学授予她"荣誉哲学博士"学位；苏格兰教育研究院授予她"荣誉院士"职位。1949 年、1950 年、1951 年连续 3 年获得"诺贝尔和平奖"候选人的资格。

玛丽亚·蒙台梭利是 20 世纪享誉全球的幼儿教育家。她所创立的、独特的幼儿教育法,风靡整个西方世界,深刻地影响着世界各国,特别是欧美先进国家的教育水平和社会发展。《西方教育史》称她是 20 世纪赢得欧洲和世界承认的最伟大的科学与进步的教育家。

蒙台梭利有好多独到的心得,我们不妨记下它们:

1. 母亲和幼教老师所产生的爱,近乎于神。

2. 人类的高贵来自于你就是你,你不是别人的复制品。

3. 儿童通过自立获得身体的独立;通过自由的使用其选择能力获得意志上的独立;通过没有干扰的独立工作获得思想上的独立。

4. 生命的纪律是秩序;智力的纪律是专注;行为的纪律是顺从。

5. 成人应该敬畏儿童。

6. 只要准备一个自由的环境来配合儿童生命的发展阶段,孩子们的精神与秘密便会自发的显现出来了。

7. 成人无法直接帮助儿童形成自己,因为那是自然而成的工作;但是成人必须懂得细心的尊重这个目标的实现,也就是提供儿童形成自己所必要的而他自己却无法取得的材料。

……

读这些话时,你听到一种声音了吗? 你听,那是一位幼教专家的"爱"在流淌时传出的动人旋律!

逐梦箴言

蒙台梭利给我们的启示或许就是：打破常规、与时俱进。这是她选择人生走向时显露的特质，也是她不断创新的"能源"所在。她能走出一条空前绝后的幼教之路，与此有关。

知识链接

"蒙氏教育"基本原则

1.以儿童为中心。反对以成人为本位的教学观点，视儿童为有别于成人的独立个体。

2.反对填鸭式教学。主张从日常生活训练着手，配合良好的学习环境、丰富的教具，让儿童自发性地主动学习，自己建构完善的人格。

3.把握儿童的敏感期。顺着敏感期学习的特征，得到最大的学习效果。

4. 教师扮演协助者的角色。教师须对孩子的心灵世界有深刻的认识与了解，对孩子发展的状况了如指掌，才能提供对孩子适性、适时的协助与指导。

5.完全人格的培养。幼教的最大目的是协助孩子正常化。

6.尊重孩子成长步调。没有课程表和上下课时间，使孩子能够专注地发展内在的需要。

7.混龄教学。不同年龄孩子会相互模仿、学习，养成儿童乐于助人的良好社会行为。

8.丰富的教材与教具。教具是孩子工作的材料，孩子通过"工作"，从自我重复操作练习中，建构完善的人格。

9.摒除奖惩制度。采取尊重孩子的方式，培养孩子正在萌芽的尊严感。

10. 爆发的教学成果。采取尊重孩子内在需求的方式，让孩子适时、适性地成长，短期内不易察觉成果，但却会在某一时间以爆发的力量彰显出孩子内在心智的成长。

我的未来不是梦

智慧心语

我们深信教育是国家万年根本大计。

——陶行知

建国君民教学为先。

——《礼记·学记》

今欲自强,非讲兵不可;讲兵非理财不可;理财非学校以开民智不可。

——康有为

育才造士,为国之本。

——权德舆

教育为立国之本。

——郑观应

教之有道,则人才济济;风俗丕丕,而国以强。

——孙中山

第三章

为师之道

◦导读◦

　　世上老师无数,称职者居多,庸者亦不少,关键就在于是否把握了"为师之道"。相较其他行业,教师似乎更加要求综合素质,更讲求教育艺术。想做称职的老师吗? 你一定要拥有一些"法宝",譬如博大无私的爱、譬如令人景仰的人格……读了下面这些故事,相信你会受到不少启发。

■ 有味道的大伟人

钱穆是中国现代学术文化史上最有影响的国学大师之一,文化保守主义史学家的代表,被国内外誉为"为故国招魂"的"一代儒宗"。他精通经、史、子、集,既是大学者,同时也是一位桃李满天下的大教育家。

1912 年春天,因为战乱而辍学在家的钱穆来到家乡一所小学任语文教师,教授高年级的国文、史地、数学、体操、音乐等课程,后来又在梅村县立第四高等小学等学校教书,整整十年的时间为家乡父老及子弟服务。

钱穆有耐心,也有爱心,讲课生动,为人和蔼,所以他的学生都很喜欢他。

有一天下午,上作文课。钱穆在黑板上留下作文题目《今天的午饭》,让同学们作。作文交上后,他选择了一篇抄在黑板上,让大家品评。钱穆喜欢这篇作文的结尾,认为写得有意趣。作文结尾说:"今天的午饭,吃红烧肉,味道很好,可惜咸了点。"

钱穆给他的学生讲他的观点——一篇作文要写好,写得好玩,必须要有曲折,不能傻乎乎地一竿子捅到底。如同抄在黑板上的这一篇就很好,有回味的余地,"可惜咸了点",让人浮想连翩。

小学生写作文,往往感到没什么可写,提起笔大脑一片空白,放下笔大脑空白一片,多写一个字都像拔牙一样难受。钱穆认为,要想让小孩子对作文有兴趣,必须让他们学会观察,看到了,记住了,写东西的时候才会有好的素材。

于是他常常带学生外出观察风景及事物。

有一天,他和学生们来到郊外,在一片松林里坐下来。他叫学生们认真地观察四周景物,然后把它们一一记录在本子上。过了一段时间,学生们都写完了,他便一本一本、一段一段地看。看一本,说一本;看一段,讲一段。什么写得好,什么写得不好,什么地方写得详细,什么地方疏漏了。学生们听得津津有味,感觉很有收获。

本子都看完了,讲完了,钱穆环视了一下大家,缓缓地说:"可惜啊,有一种声音你们没有写进来。"

同学们你看看我,我看看你,都觉惊异。

他们四下散去,去听,听了又回来,说,除了风声什么也没听到。

钱穆笑了,说:"正是风声。只是此处的风声不同于别处。这里松树多,风过松针,其声飒然,全因松针细密的缘故。所以,此处的风,叫松风。"

同学们的心窍一下子打开了!

黄梅时节,霪雨不断,学生们不能课外活动,觉得十分无聊。钱穆组织大家讲故事——亲历亲见的,听闻的,从别的书上看来的,都可以,讲出来,大家听,比一比,谁的故事好。这一下,同学们活跃了,教室的气氛 也一扫死气沉沉,变得活跃起来。每个人都讲了,人人皆呼"过瘾"。这时,钱穆启发大家,把自己的故事写出来,变成一篇文章,想想一定有趣。同学们觉得有理,纷纷提笔,写了满纸的神思,平日枯燥无比的作文一下子变得五光十色,缤纷斑斓。

原来,作文如此简单啊!

同学们的恐惧情绪一扫而光!

1919 钱穆自荐到家乡的后宝镇秦伯市立第一初级小学当校长。到任开课第一天,他就发现一个学生"与众不同",上课时一动不动,下课了,自然坐在原处,状若木鸡。他向其他同学询问了,才知道,这个学生名叫杨锡麟,曾犯校规,所以,上任的校长责令他除了上厕所外,屁股不许离开椅子。

钱穆觉得此罚不妥,便让班长带他去操场。

不一会儿,全班同学押着杨同学回来了,纷纷告状,说他捉到一只青蛙,将它扯成了两半。

言下之意,他又犯了"大罪过"。

钱穆说:"他长时间地坐在教室里,你们所知道的,他并不知道,我让你们带着他一起玩儿,慢慢的,你们所知道的,懂得的,他也会知道,懂得。遇到什么事,你们随时随地告诉他、劝诫他,不要大惊小怪的。现在,他犯了一点小错误,你们就群体来告状他如何能进步?下次你们再这样,我就罚你们!"

杨同学听了钱穆的话很感动——他觉得,自入学以来,第一次有人站在了他的一边,从他的角度思索问题。

从"青蛙事件"之后,钱穆留心观察杨锡麟,发现他的身上也有许多优点,比如说记忆力强,比如说,嗓子很有磁性等等。

有一天,钱穆把杨同学留下来,自己弹琴,让他唱歌。结果和他想象的一样,杨同学的歌唱得十分好听。钱穆夸赞了他,并嘱咐他第二天上音乐课时起立独唱。

第二天,钱穆上音乐课,问是否有人愿意起立独唱,杨同学大胆举手,待音一出,满座皆惊。静默良久,始响起热烈而经久的掌声。

就这样,杨锡麟慢慢地变了,活泼,开朗,有责任心,有自信心。几十年后,钱穆向别人问起他,得知后宝小学诸生中独杨锡麟一人在全镇人口中得称道。

听到这样的消息,钱穆备感欣慰。

钱穆没有机会上大学,他通过自学成为一代大儒,实在令人敬仰、佩服。

钱穆曾说过这样一段话:"古来大伟人,其身虽死,其骨虽朽,其魂气当已散失于天壤之间,不再能团聚凝结。然其生前之志气德行、事业文章,依然在此世间发生莫大之作用。其魂虽散如未散,故亦谓之神。"

其实,钱穆本身就是这样的一个"大伟人"!

我的未来不是梦

所谓的"好老师"应该是能与孩子贴心的那种。钱穆做到了,他成了"大伟人";你未必要做"大伟人",但是你应当向他看齐!

知识链接

钱穆和他的《国史大纲》

钱穆(1895—1990),中国现代历史学家。江苏省无锡人。字宾四。笔名公沙、梁隐、与忘、孤云。钱穆9岁入私塾,熟习中国的传统文献典籍。13岁入常州府中学堂学习,1912年因家贫辍学,后靠自学成名成家,独步天下。

钱穆著述颇丰,专著多达80种以上。其代表作有《先秦诸子系年》、《国史大纲》、《中国近三百年学术史》、《中国文化史导论》、《文化学大义》、《中国历代政治得失》、《中国历史精神》、《中国思想史》、《宋明理学概述》、《中国学术通义》和《从中国历史来看中国民族性及中国文化》等。此外还有结集出版论文集多种,如《中国学术思想史论丛》、《中国文化丛谈》等。

1937年,抗战爆发,钱穆仓促地从北平(今北京)逃离至西南大后方。教学多年来的大量教材悉数失散,正值中国面临国家存亡时节,钱穆有感于中国国运飘渺,尽管他本身相信抗战会赢得胜利,但对中国的命运也作了最坏的打算。钱穆在云南乡下的偏僻之处,写下《国史大纲》,他是抱着"中国人写中国最后一本史书"的心情而著的,期盼若中国不幸败战覆亡,至少留给后人一本中国史书,让其知道中国的历史及文明成就,激励后人复兴中国之心。而中国于1945年抗战胜利,钱穆的最坏打算没有发生。

传统中国史家研究历史,历来都是以断代史方式研究,研究时又常会从人事角度以至历史人物善恶评价。钱穆这部著作却以通史概念,研究中国历代王朝的兴亡,并用相当篇幅阐述中国传统学术的发展。全书以浅白的文言文写成,以彰显钱穆维护文化道统的决心。

　　内容上,《国史大纲》主要以传统社会价值作为立场。如评论到晋朝则认为这是一个不光明的政权,理由是晋朝的司马氏乃篡夺前朝曹魏政权而获得的。又如元朝则《国史大纲》标题为"暴风雨的来临"。评价满清政权时则称是一个部落民族压迫政权。

　　有儒学者认为,钱穆及其所作的《国史大纲》在精神上完全坚守儒家义理,将儒家文化与儒家思想寓于史学之中,已经成为新一派的"新儒学史学"。也有人认为,钱穆非马克思主义者,不符合中国大陆主流的史学观点,其为传统文化辩护的立场有维护"封建"势力之嫌。

知 识 链 接

钱穆

■ 马卡连柯"三板斧"

马卡连柯是前苏联著名的教育家。曾直接从事教育工作达15年。他的教育对象与众不同——都是流浪儿童和少年违法者。在"高尔基工学团"、"捷尔任斯基公社"这两所特殊学校15年的教育实践中,他造就了3000多名出色的技工、红军干部、学者和专家,其中不少人后来甚至成了国家勋章获得者、先进工作者和卫国战争英雄。获得这样的成就,他有什么秘诀吗?

那时,正是十月革命后不久,苏维埃政权刚刚成立。由于第一次世界大战和国外帝国主义武装干涉,致使逾二百万儿童失去父母,流浪街头,有些甚至成了罪犯,一度成为难以化解的严峻的社会问题。最终,前苏联政府成立了以捷尔任斯基为领导的"儿童生活改善委员会",并在各地创设了工学团。马卡连柯受命创办的"波尔塔瓦幼年违法者工学团"(后更名为"高尔基工学团")由此应运而生。

为了办好工学团,马卡连柯历尽艰难。尽管面临着物质条件极度匮乏、师资严重不足、没有教学设备等等严酷的现实,但马卡连柯从无半点畏惧。倒是需要面对的那些曾持枪抢劫和盗窃的失足者——他们都是身强力壮、行动敏捷的青少年,个个傲慢无礼,粗暴野蛮,蛮横地拒绝和破坏工学团一切自我服务的规则,颇让他犯难。

可是,马卡连柯并不服输,他相信自己的能力,就像相信那些失足青年是完全可以教育好的一样。他对学员提出了服从纪律、热爱劳动、建立和健全生活制度的要求。接着,马卡连柯抓住时机,利用逃亡地主的大庄园这一有利条件,组织学员自己动手,耕种土地。接着又开办了铁工厂、木工场、制鞋场、面包房,还办起了养猪场和放牧场。经过一系列的努力,学员们的物质生活日益富裕起来,精神面貌也逐渐发生了变化,改造了他们好吃懒做,唯利是图的劣习。马卡连柯采取既严格要求,又满怀尊重和信任的态度。

那是高尔基工学团创办不久的一天,马卡连柯到监狱去领卡拉巴林。当马卡连柯和监狱长一起替卡拉巴林办理出狱手续时,马卡连柯亲切地要他暂时离开办公室。当时,卡拉巴林对此并不理解。过了十年后,当卡拉巴林已经是一名人民教师时,马卡连柯才告诉他说:"我当时所以叫你走出监狱长的办公室,是为了使你看不见担保你出去的条子。因为这个手续,可能会侮辱你的人格。"卡拉巴林说:"马卡连柯注意到我的人格,可是那时,我自己还不知道什么是人格。这是他对我的第一次温暖的、人道的接触。"当他俩从监狱去省人民教育厅的路上,卡拉巴林总是走在马卡连柯的前面,以表示自己不打算逃跑,而马卡连柯总是和他并肩而行,同时跟他谈话,使他高兴。所谈的都是关于工学团的事,只字不提监狱的情况和有关他过去的事。

有一次,卡拉巴林这样询问马卡连柯:"请您直爽地告诉我,您相信我吗?"马卡连柯诚恳地回答说:"过去的事不必提了!相信你我知道你这个人是跟我一样的诚实。"马卡连柯还见诸行动,曾接连两次把带枪取巨款的重任委托给卡拉巴林去办理。这使这位学员深受感动。马卡连柯以尊重与信任的良药,医治好了卡拉巴林那受伤的翅膀,使他懂得了人的尊严,认识了人的价值,从而信心满怀地飞翔在祖国的长空。后来,卡拉巴林终于成了自己老师马卡连柯的可靠继承者和得力助手。

马卡连柯正是运用这一秘诀,激起了少年违法者和流浪儿童的自尊感,把他们从自暴、自弃、自卑、失望和堕落的深渊中解救出来;使他们开始热爱生活、追求前途。

在"高尔基工学团"最初的几年中,生活是艰苦的,工作任务又重,学校

我的未来不是梦

生活显得有点单调。马卡连柯想出了奇妙的办法,让学员晚上都聚集在宿舍里,师生玩起了一种叫做"打捉贼"的游戏。

这种游戏的玩法是:参加游戏的人,每人分到一张字条,上面写着:"贼"、"告发人"、"检察员"、"法官"、"刑官"等等。"告发人"先宣布他幸运地做了"告发人",然后拿起一根绳鞭,努力猜测谁是贼。大家都向他伸出手来,在这些手里面,他一定要用鞭子打中"贼"的手。通常,他总是误打了"法官"或是"检察员",这些被他冤枉的正直的"公民",便按照惩罚诬告的规定,反打"告发人"的手心。如果下次"告发人"终于猜中了谁是"贼",他的痛苦就可以终止,那个"贼"的痛苦却要开始了。这时候由"法官"判决,重打五下或轻打五下。"刑官"手持绳鞭,就来施刑了。

因为参加游戏者的身份一直在改变,所以整个游戏的主要趣味就在于轮流吃苦和报复。凶狠的"法官"或是残酷的"刑官"如果做了"告发人"和"贼",就要受到现在"法官"和现任"刑官"的残忍报复,让他想起以前给人家的种种判决和处罚。

平时严肃的马卡连柯,也参与到孩子们的游戏中来,跟孩子们玩得不亦乐乎。这种游戏,不仅使学生得到了乐趣,融洽了师生关系,而且培养了学生坚忍大胆、不怕危险的性格。对这些特殊学生而言,无疑还起到了强化法制观念的作用。

马卡连柯还特别注意跟学生交流的技巧。

一次,有个叫叶夫斯基格尼耶夫的男孩子侮辱了一个女孩子。马卡连柯知道这件事以后,不是立即找他来谈话,而是给他写个字条:"叶夫斯基格尼耶夫同志,请你今天晚上十一点钟来。"装在信封里交由通讯员送去。

通讯员知道全部底细,却不表示出来。他拿着字条走到食堂里,找到叶夫斯基格尼耶夫说:"你的信。马卡连柯老师找你。""为什么?""我就给你说。还记得你昨天侮辱了哪一个?"

上午十点三十分钟的时候,通讯员又来找叶夫斯基格尼耶夫:

"你准备好了?""准备好了。"

"他在等待着你。"

这时候，叶夫斯基格尼耶夫忍耐不住了。等不到晚上十一点，下午三点就来找马卡连柯了。

"马卡连柯老师，你找我吗？"

"不是，不是现在，是晚上十一点。"在马卡连柯看来，有关事后的谈话需要在较晚的时间进行，以便谈话不会被中断。

这个学员回到分队里去了。在场的人都问他怎么啦，当大家知道他的错误后，都严厉地申斥起他来。

到了晚上十一点钟的时候，他又来找马卡连柯，因为白天一天里经受了刺激，他有点不安，脸色苍白，心情焦急。马卡连柯一看就知道是怎么回事了，所以问他：

"你明白你错在哪里了吗？"

"明白了。"

"回去吧！"

这是马卡连柯多种教育方法中的一种。在他看来，光靠谈话，获得的帮助是很少的。当谈话没有必要的时候，就任何的话也不再说了。这种寓说服于无言之中的教育方法，起到了触动学生思想的作用，使学生心服口服，达到了教育的目的，也更好地体现了教师对犯错误学生教育时的尊重。

马卡连柯从教 15 年，摸索了很多卓有成效的教育方法，以上不过是他的"三板斧"而已。教育的方式可以来自教科书，但一位优秀的教育工作者并不会局限于此。做到这一点并不难，只要用心，自有灵感。

摸索、总结育人良方,应是老师的必修课。你不可照搬马卡连柯的"诀窍",但他勇于摸索、总结育人良方的"绝技"你一定要好好学习、为我所用!

知识链接

"平行影响"

马卡连柯有一个著名的教育方法,就是"平行影响"。它的实质,在于要求教师通过集体来影响人,要求经常地从个人转向集体或从集体转向个人。这种方法有一个优点,就是教师在教育学生时,不要使学生总感觉自己是被教育的对象,而导致厌恶之感,甚至使师生之间的正常关系发生疏远,继而被破坏;而应让学员体验自己是教育的主体,以便提高他们的自尊心和自信心。

应用"平行教育影响",需要教师深刻地了解学生,需要教师的机智。同时,也需要教师掌握一定的教育技巧,善于在不同的条件下去应用它。如果机械地运用这一方法,那么要想收到良好的教育效果是不可想象的。

■ 糖果的能量有多大

据说,大教育家陶行知先生于某日看到有个男生用砖头砸同学,遂上前制止。陶行知先生没有"当场宣判",而是让那个男生去校长办公室听候发落。

那个男生见校长亲自出面,不好违抗,只好前去。这期间,他已经意识到刚才冲动之下所犯的过错,但他实在猜想不出这位大名鼎鼎的校长先生会如何惩罚自己,难免有些惴惴不安。

过了一会儿,陶行知先生出现在他面前。陶先生看了看他,看得出他已有些紧张。仿佛安抚一般,陶先生从衣袋中掏出一颗糖递给这个男生,平静地说:"你比我先到办公室,这是奖励你的。"

陶先生的举动和表情太出人意料啦。那男生有些不知所措了,但他还是接过了糖果,注意并猜想着陶先生接下来会有何"动作"。结果,只见陶先生又掏出一颗糖,仍是平和地说道:"这颗也是给你的,我制止你打同学,你立即住手了,表明你尊重我。"

男孩不知接下来还有什么事情发生,他接过了第二颗糖。

很快,陶先生的话又在这个男生耳畔响起:"据我了解,你打同学是因为他欺负女生。这表明你很有正义感,我再奖励你一颗糖!"随即又一颗糖落入这个男生手中;此时,这个男生手里已经握着三颗校长给他的糖了;他已经体味到校长的友好,甚至感受到了校长的良苦用心,一时间,这个男孩竟被感动得哭了起来,说:"校长,我错了,同学再不对,我也不能打人。"

陶先生替他擦去泪水，又掏出一颗糖，说道："你已知错，为此，我再奖励你一颗糖。我的糖发完了，咱们的谈话到此结束吧。"

据说，这件事传开后，大家都为陶行知先生得体而独到的教育学生的方式而叫好，不仅有效地校正了学生的错误，也感化了好多知道此事的人。

无独有偶。还有一件。那位写作了《丑陋的日本人》的日本著名的文化人类学者高桥敷所亲历的事也与糖果有关，可说与陶先生的这个故事有"异曲同工"之妙。

那年高桥敷在秘鲁一所大学任客座教授，与一对美国教授夫妇为邻。有一天，这对夫妇的小儿子在踢球时不小心把高桥先生家大门上的一块玻璃踢碎了。

高桥敷想，那对夫妇很快就会登门道歉。可是直到当天结束，他也没等到。高桥敷倒介意。

让他意外的是，第二天一大早，那个小男孩儿在一位出租车司机帮助下，送来了一块大玻璃。

见到高桥敷，他说："叔叔，对不起。昨天我不小心打碎了您家的玻璃，因为当时商店已经关门了，所以没能及时赔偿。今天商店一开门，我就去买了这块玻璃来赔偿您。请您收下，也请接受我的道歉。以后我会小心的，这种事情再也不会发生了，请您相信我。"

高桥敷当然原谅了这个孩子，而且也深深地喜欢上了他。他招待小男孩儿吃了早饭，还送给他一袋日本糖果。

本来，此事到此应该应当了结了。可是，不大一会儿，那对美国夫妇却来到高桥敷家，客气地将原物奉还，并且解释了不能接受的理由：闯了祸的孩子是不能够得到奖励的！

到这里，相信读者都会情不自禁地设想这个小男孩儿的人生走向，不用说，沿着这条路走下去，他必会成为一个有作为、有教养的绅士。若果真如此，多年以后回忆起这件小事，他肯定会感谢那袋糖果，感谢他教子有方的父母。而且也可以预期，这对美国教授夫妇也会非常出色的带好他们的每一位学生，甚至会有让他们的学生受益终生的举动。

——用好道具,可能真的会"事半功倍",这,就是对育人者"用心"的回报!

逐梦箴言

"道具处处显神威,留心处处有道具"——有时,教学中用好道具,就会达到事半功倍之效。

知识链接

高桥敷与《丑陋的日本人》

高桥敷,1929 年出生于日本大阪府堺市。毕业于松山高等学校,宇宙物理专业。担任过小学、中学和大学教师。1959年,被 NASA、秘鲁劝业部招聘录用,赴安第斯工作。后来,又在秘鲁、委内瑞拉各大学讲授宇宙科学、教育统计学。1967 年回国,在教育研究所工作,被德意志联邦共和国聘任为研究员等。作为教育评论家,他为报纸撰写连载文章,举办广播讲座。

作者受到《丑陋的美国人》的鼓舞——该书在美国获得成功,并被美国国务院作为参考书——于 1970 年推出《丑陋的日本人》,以其在南美洲生活八年的见闻和感受为写作内容。京都大学名誉教授会田雄次说:"(《丑陋的日本人》)揭露生活在本土的日本人的种种弊端……那种犀利深刻的剖析,连续不断地撞击与刺痛着读者的心灵。"作者误以为此举能够引发本国国民的深刻反思,却出乎意外地遭到了激烈围攻。他不仅被日本当局撤职,并且不得不隐姓埋名多年,以免遭杀身之祸。

■ 做老师，你可以残忍些

读到一篇文章，印象深刻。

有位年轻班主任，给他的学生们出了这样一道难题：不久后，会有一次免费出游。但是全班52名学生只有一半学生才有机会。班主任老师让同学们自己决定是争取还是放弃。

结果出人意料：家庭条件好的同学将机会让给了家庭条件差些的同学；身体状况好的同学将机会让给了身体状况差些的同学，学习好的同学将机会让给了学习相对较差的同学，曾经有机会出行的同学将机会让给了很少甚至没有出行机会的同学……对于这些小学生、对于这些在家庭中往往唯我独尊的小孩子而言，这样的取舍多少有些艰难，多少有些残酷，他们能如此步调一致，做出妥协和让步，这本身就极为难得，这无疑是对他们幼小心灵的考验和挑战，不用说，因为机会太难得，起初，没有哪位同学有意放弃，就像社会上任何一次竞争一样，无论是谁，都不想成为放弃竞争的落选者。可是，经过激烈的思想斗争后，他们还是实现了心灵境界的提升，独立地交上了一份完满的答卷。

这样的结果，肯定在一定程度上超过了这位老师的预期，他满意并且激动！但他没有就此停步，他要获得出游机会的同学当面答谢让出机会给自己的同学。当52双手两两相握时，那情景真是温暖而感人！

不久，班主任老师如期组织了这场旅游，这位老师又给能够参加旅游的同学出了一道题：一定要珍惜这次难得的机会，用心观察与体验，并写一篇游记给提供出游机会的同学,让他们也能了解、感受那一路风光。

这次,这些能够出行的同学也没让老师失望:结束游玩后,几乎是第一时间,大家就交上了认真写作的这篇作文,即使平时不爱写作文的同学也超水平发挥!当然,之所以如此,是因为他们心怀感激,懂得了回馈。

一次出游结束了。

可是,我想,这次难忘的经历、这次旅行定会在同学们心灵的底版上留下永久的印记,必将终生记取。这是影响他们一生为人处世的一堂实战课。想必这正是这位班主任老师良苦用心所在:在时下物欲横流的大环境下,在这个逐利的世界上,他要教会他的学生们拥有一颗仁爱之心,守护一份人格之美,而唯有这些,才是建构社会良性发展的基石,也才是获得心灵与人格充实与完善的基座!这位老师懂得让他的学生去面对真实的世界,并生发入世的心态与能力。这难能可贵。

做老师,真的可以残忍些,如果这残忍能让你的学生得到心灵的锤炼和精神上的升华!

逐梦箴言

"授人以鱼不如授人以渔"。此说,良师必懂、必用。

我的未来不是梦

■ 老师的别名叫"榜样"

　　那是 1936 年 4 月,周恩来与张学良在陕北肤施(延安)会晤。二人言谈甚欢,不知不觉聊起了彼此青少年时代的事情来。周恩来说自己的少年时代是在东北度过的,他的老师张伯苓对他影响很深。张学良随即接了一句,说他听老师张伯苓说过此事。周恩来颇感意外——他还从来也没听说过张伯苓有张学良这样一位弟子呢。于是便就此发问。张学良见周恩来追问,不由陷入对往事的追怀中,他动情地说:"过去我抽大烟,是听了张伯苓先生劝告后才戒除的,因此拜张伯苓为师。我和你同师。"

　　且让时光倒流至 1916 年 10 月底。其时,张伯苓到沈阳讲演,张学良就是听众之一,那一年,他 16 岁。张伯苓在讲到国民对国家的责任时说:"中国不亡吾辈在……我们每个人都要自强,中国就亡不了。我们必须有这么样的气概,不管人家怎么说,自己要有这种信念。"张学良深受震动,精神为之振奋,下定决心做个奋发有为之人。他找到张伯苓,表达了自己内心的感受;张伯苓少不了大加勉励。

　　打这以后,张学良与张伯苓不断来往,成了忘年之交,特别是面对日本帝国主义的侵华意图,共同的抗日主张使他们的交情笃厚。张伯苓得知张学良吸食鸦片后,很是焦虑。经了解,他才知道,原来最初张学良是于 1924 年第二次直奉战争爆发后吸食鸦片的。张学良在讲武堂的教官郭松龄倒戈反奉后,奉系情况危急,张学良心理压力过大,因此借毒排愁,渐渐吸毒成瘾。张伯苓决心帮他戒除毒瘾,想不到因为张学良对张伯苓心怀敬重,很能听进他的话，竟口气坚定地答应了。若想戒除毒瘾谈何容易？可是，张学良意识到了毒瘾之害，也不想违背承诺，于是便下定决心戒掉大烟，并最终获得成功。通过这件事，张伯苓对张学良更是刮目相看。他们的友情更加深厚了。期间，张学良资助张伯苓办南开大学、张伯苓帮助张学良办东北大学的故事更被传为佳话。1930 年 12 月，已任全国陆海空军副总司令的张学良莅临南开。张伯苓组织了隆重的欢迎仪式。张学良发表训词时再次提起 14 年前张伯苓的演讲，激动地说："余之有今日，张校长一言之力也。"张学良被解除幽禁后，曾接受日本记者采访。当记者问及"先生年轻时受谁的影响最大"时，他不假思索地回答："是张伯苓先生！"足见张伯苓先生教化之功。

张伯苓能给人以如此深广的影响，在于他为人师表，处处以身作则，在学生心目中树立了极佳的师者形象。他劝张学良戒烟，事实上，他自己也有过戒烟的经历。当然，此烟非彼烟。张伯苓算是严师，对学生的操行一向看重。

有一次，他偶然发现有个学生手指颜色不对头，直觉告诉他，那肯定是烟熏所致。他向那位学生求证，那位学生倒也不加隐瞒，"坦白招供"。作为学生违禁吸烟并且还"大言不惭""理直气壮"，张伯苓多少有些"怒从心头起"，他当即严肃地劝告那个学生："吸烟对身体有害，一定要戒掉它！"

不想，那个学生根本"不思悔改"，明显不服气，反倒质问起张伯苓来，说："那您吸烟就对身体没有害处吗？"张伯苓这才意识到自己正叼着烟袋呢。对于学生的责难，他没有介意，而是歉意地笑了笑，立即让工友将自己所有的吕宋烟都取来，当众销毁，并且折断了如影随形一样随身携带多年的心爱的烟袋，诚恳地说："从此以后，我与该同学共同戒烟！"果然，打那以后，他再也不吸烟了。

张先生率先垂范，带来的另一效应就是，校园里从此解除"烟患"，成了"无烟区"。师生们再也不用忍受"烟熏"之苦了；在一定程度上，大家的健康也得到了保障。

有道是，"榜样的力量是无穷的"。一位良师，必是学生可资效仿的榜样。想做良师？那就从自我做起，从现在做起，树立良好的形象吧！

逐梦箴言

　　所谓"为人师表"，说的就是为师者要树立起榜样。有了好的榜样做示范，必会带动学生"学而时习之"，从而有大进步、大所得。

张伯苓

■ 祭出你的法宝

讲两则小故事。

第一则故事发生在美国黑人贫民窟。有位教授带着他的弟子来到这里搞调查研究,其中有一个课题是对该区 200 名黑人孩子的前途作预测。学生们都很认真,不久报告都出来了,结论令人沮丧:200 名孩子几乎无一例外地被认定为"一无是处"、"无所作为"、"终生碌碌"等等。

四十年后,老教授早已去世。他的继任者从档案里发现了这份报告,好奇心驱使他来到当年的黑人贫民窟。他惊奇地发现:当年被调查的 200 名孩子中,除了 20 个已离开故地、无从查考外,其余 180 名孩子大多数都取得了骄人的成就,他们之中不乏银行家、商人、大律师和优秀运动员。这一切,他们都说最该感谢的是当年的一位小学教师。

继任者找到当年的小学教师。此时的她已是迟暮晚年了。继任者问她到底有何绝招,能让这些在贫民窟长大的孩子的绝大多数都出人头地?

老人家眼中闪着慈祥的光芒,嘴角带着微笑,回答道:"其实也没什么,我爱这些孩子。"

第二则故事来自美国影片《师生情》。这部电影是根据 1969 年 3 月发生在美国的一件真实事件改编的。影片讲述了一位白人男教师去种族混居的一个小镇执教的感人故事。对于他的到来,黑人和白人给予截然不同的待遇,这使他深受触动。当时,班级中有一半以上都是黑人学生,平时自由散漫,学习状况不佳,而且,因为长期受到种族歧视,这些黑人孩子普遍

我的未来不是梦

自卑。这位老师知道，他要做的，就是改变这些孩子。

在上第一节课时，老师鼓励了大家，表示对他们寄予厚望。接着，他伸出一只手问其中一个孩子："告诉老师这一共是几个手指？"那个孩子缓缓地抬起头，涨红了脸，盯着老师的 5 个手指，数了半天，终于鼓起勇气，开口说："3 个。"面对这样的错误，这位老师出人意料地说："太好了，你真了不起，一共就少数了两个！"……可以预期：凭借这样的"爱的教育"，这位老师必会心想事成。

我想，就在他说出"你真了不起"的那一刻，无论曾遭遇过多少欺侮、冷遇，在场的所有黑人孩子心里一定都会春光明媚鸟语花香，因为这位老师给予他们从未领受过的鼓励、赏识，已然像一道闪电，划破他们久被阴霾笼罩的心空！以这样的方式教育学生，没有理由教不出有出息的孩子！

这两则故事都和美国、和黑人有关，我要强调的并非是这两项，而是：爱心其实正是老师执教最有效的法宝。有了爱心，做教师将无往而不胜；而一但失去了爱心，纵使你有天大的才华，你也绝不会成为真正优秀、称职的老师！

那么，当你从教时，就祭出这一法宝吧！

逐梦箴言

爱的力量无穷大。在教书育人中加以应用，是为必须，亦为良器。

◎ 智慧心语 ◎

人类在探索太空,征服自然后,将会发现自己还有一股更大的能力,那就是爱的力量。当这天来临时,人类文明将迈向一个新的纪元。

——法夏尔丹

我们必须会变成小孩子,才配做小孩子的先生。

——陶行知

心平气和的,认真的和实事求是的指导,才是教育应有的外部表现。

——马卡连柯

成功的欢乐是一种巨大的情绪力量,它可以促进儿童积极向上。缺少这种力量,教育上的任何巧妙措施都是无济于事的。

——苏霍姆林斯基

几乎所有人都承认,教育需要耐心。

——乌申斯基

我的未来不是梦

教育就是帮助孩子学会自己思考，作出独立的判断。

——罗伯特·赫钦斯

教育的目标应当是培养能独立行动和独立思考的个人。

——爱因斯坦

当在学校所学的一切全都忘记之后，还剩下来的才是教育。

——爱因斯坦

要记住，你不仅是教课的教师，也是学生的教育者，生活的导师和道德的引路人。

——苏霍姆林斯基

第四章

名师高徒

华罗庚

◦导读◦

　　俗话有言，"名师出高徒"，说的是教导有方的老师往往更能培育出有成绩、有成就的、"青出于蓝而胜于蓝"的弟子。名师自然是站在高处、亮处的。他们之所以能以"师"闻"名"，大抵也不外乎辛苦努力、潜心修炼。看看一些名师广为人知或鲜为人知的事迹吧，或许有助于你实现名师之梦呢。

■ 是名师，也是高徒

知道苏格拉底、柏拉图、亚里士多德这三位有什么关系吗？对，是师生关系。细言之，苏格拉底是柏拉图的老师，亚里士多德又是柏拉图的学生。亚里士多德呢，也是老师，他有个同样大名鼎鼎的学生——亚历山大大帝。苏格拉底、柏拉图、亚里士多德并称"希腊三贤"。他们是名师，也是高徒。那么，是什么造就了这样一条光彩夺目、名动古今的"师承链"？

苏格拉底，公元前469年出生于雅典一个普通公民的家庭。父亲是雕刻匠，母亲是助产妇。青少年时代，苏格拉底曾跟父亲学过雕刻手艺。后来他熟读《荷马史诗》及其他著名诗人的作品，靠自学成了一个很有学问的人。他以传授知识为生，无论是生前还是死后，他都有一大批狂热的崇拜者和一大批激烈的反对者。虽然具有丰富的教育实践经验和教育理论，但是他并没有创办自己的学校。广场、庙宇、街头、商店、作坊、体育馆等等，都是他施教的场所；青年人、老年人；有钱人、穷人；农民、手艺人，贵族、平民都是他施教的对象。

苏格拉底的教育目的是造就治国人才。为此，他付出了毕生的精力。

他一生不曾留下任何著作，他的行为和学说，主要是通过他的学生柏拉图和色诺芬著作中的记载流传下来。

公元前399年，年已七旬的苏格拉底因主张无神论和言论自由，被指控"不接受既定的雅典信条，颠倒是非，蛊惑人心，败坏青年，亵渎神圣"而被送上法庭。

法庭从希腊市民中通过抓阄选出了 501 人组成陪审团，里面有鞋匠、裁缝、不识字的游民和"一些莫名其妙而激愤的人"。法庭上，苏格拉底并没有选择对自己有利的证据，也没为言论自由进行辩护，而是就自己钟爱的哲学话题"大放厥词"。这引起了陪审团一些人的不满，最后以 281 票同意、220 票反对的民主表决结果判处苏格拉底极刑。

根据雅典当时的法律，如果苏格拉底认罪，可以交纳罚金或选择放逐的方式代替死刑。当时苏格拉底的亲友和弟子们都劝他逃往国外避难，均遭到他严正拒绝。苏格拉底面临死亡毫无畏惧，当着弟子们的面从容服下毒药。其时，弟子们个个聚精会神地倾听老师的演讲，全然未曾意识到死神已逼近老师……

苏格拉底之死，令曾经想继承父辈从政传统的柏拉图对现存的政体完全失望。

柏拉图出身于雅典一个大贵族家庭。青年时期和其他贵族子弟一样受过良好的教育，并接触到当时的各种思潮。柏拉图 20 岁拜苏格拉底为师。有一次，在"课堂"上，苏格拉底对他的学生们说："今天我们只做一件事，每个人尽量把手臂往前甩，然后再往后甩。"他边说边做示范。"从今天开始，每天做 300 下，大家能做到吗？"好多学生都认为这太过简单了，信誓旦旦地表态说一定能做到。可是一年以后，苏格拉底再问的时候，他的全部学生中却只有一个人坚持了下来，这个人就是柏拉图。此后，就是凭着这种坚忍、执著的精神，柏拉图跟随苏格拉底学习了 10 年，直到苏格拉底被雅典民主派处死。老师的死给柏拉图以沉重的打击，他同自己的老师一样，反对民主政治，认为一个人应该做和他身份相符的事，农民只管种田，手工业者只管做工，商人只管做生意，平民不能参与国家大事。苏格拉底的死更加深了他对平民政体的成见。他说，我们做一双鞋子还要找一个手艺好的人，生了病还要清一位良医，而治理国家这样一件大事竟交给随便什么人，这岂不是荒唐？

老师死后，柏拉图不想在雅典呆下去了。28 岁至 40 岁，他都在海外漫游，先后到过埃及、意大利、西西里等地，他边考察、边宣传他的政治主张。

公元前388年,他到了西西里岛的叙拉古城,想说服统治者建立一个由哲学家管理的理想国,但目的没有达到。返回途中他不幸被卖为奴隶,他的朋友花了许多钱才把他赎回来。

柏拉图到雅典后,开办了一所学园——阿卡德米学园。此后执教40年,直至逝世。他一边教学,一边著作,最终成为全部西方哲学乃至整个西方文化最伟大的哲学家和思想家之一。他留下了许多著作:《辩诉篇》《曼诺篇》《理想国》《智者篇》《法律篇》等。《理想国》是其中的代表作。他的学园门口挂着一个牌子:"不懂几何学者免进"。从中可知,没有几何学的知识是不能登上柏拉图的哲学殿堂的。这个学园成为古希腊重要的哲学研究机构,开设四门课程:数学、天文、音乐、哲学。柏拉图要求学生不能生活在现实世界里,而要生活在头脑所形成的观念世界里。他形象地说:"划在沙子上的三角形可以抹去,可是,三角形的观念,不受时间、空间的限制而留存下来。"柏拉图深知学以致用的道理,在他的学园里按照他的政治哲学培养了各方面的从政人士。他的学园又被形象地称为"政治训练班"。学院成为西方文明最早的有完整组织的高等学府之一,后世的高等学术机构也因此而得名,也是中世纪时在西方发展起来的大学的前身。学院存在了900多年,直到公元529年被查士丁尼大帝关闭为止。学院培养出了许多知识分子,其中最杰出的是亚里士多德。

亚里士多德出生于色雷斯的斯塔基拉。这座城市是希腊的一个殖民地,与正在兴起的马其顿相邻。他的父亲是马其顿国王腓力二世的宫廷御医。他于公元前367年迁居到雅典,曾经学过医学,还在雅典柏拉图学院学习过很多年。公元前366年亚里士多德被送到雅典的柏拉图学院学习,此后20年间亚里士多德一直住在学院。这一时期的学习和生活对他一生产生了决定性的影响。在学园中,亚里士多德表现出色,柏拉图称他是"学园之灵"。但亚里士多德可不是个只崇拜权威,在学术上唯唯诺诺而没有自己的想法的人。

有记载说,柏拉图曾讽刺他是一个书呆子。在学院期间,亚里士多德就在思想上跟老师有了分歧。他曾经隐喻地说过,智慧不会随柏拉图一起死亡。当柏拉图到了晚年，他们师生间的分歧更大了，经常发生争吵。那句名言"吾爱吾师，吾更爱真理"即出自此人之口。

公元前347年，柏拉图去世，亚里士多德在雅典继续呆了两年。由于学园的新首脑比较赞同柏拉图哲学中的数学倾向，令亚里士多德无法忍受，便离开了雅典。此后，他开始游历各地。

3年后，亚里士多德又被马其顿的国王腓力浦二世召唤回故乡，受国王腓力二世的聘请，担任起当时年仅13岁的亚历山大大帝的老师。当时，亚里士多德42岁。亚里士多德对这位未来的世界领袖灌输了道德、政治以及哲学的教育。正是在亚里士多德的影响下，亚历山大大帝始终对科学事业非常关心，对知识十分尊重。亚里士多德在雅典受到了很多的优待，除了在政治上的显赫地位以外，他还得到了亚历山大和各级马其顿官僚大量的金钱、物资和土地资助。

尽管自己的学生已经贵为国王，亚里士多德并没有一直留在国王身边，他决定回到雅典，建立自己的学院，教授哲学。亚里士多德非常重视教学方法，他反对刻板的教学方式，于是他经常带着学生在花园林阴大道上一边散步、一边讨论哲理，因此后人把亚里士多德学派称作"逍遥学派"。

亚历山大去世后，雅典人开始奋起反对马其顿的统治。由于和亚历山大的关系，亚里士多德不得不因为被指控不敬神而逃到加西西斯避难。他的学院，则交给了狄奥弗拉斯图掌管。一年之后，公元前322年，亚里士多德因身染重病离开人世，终年63岁。

亚里士多德集中古代知识于一身，在他死后几百年中，没有一个人像他那样对知识有过系统考察和全面掌握。他的著作是古代的百科全书，他的思想曾经统治过全欧洲，他的思想改变了几乎全西方的哲学家。恩格斯称他是"最博学的人"。被誉为"百科全书"式学者。

至此，这一"链条"中断了。

一番梳理后，我们似乎可以得到这样的答案：其实，正是他们对各自优秀精神的不拘一格的传承，才成就了他们卓然于世的思想、学说。或许，我们可以这样说：他们首先是"思想者"，所以才能"兼收并蓄"；他们首先是"

好学生"，所以才能成为"好老师"！

逐梦箴言

　　"教书"需要传授知识，"育人"则需要传授精神，良师定会二者兼顾。得遇这样的老师，助益无穷，可谓大幸！

知识链接

柏拉图和他的《理想国》

　　柏拉图(约公元前 427 年—公元前 347 年)，出身于雅典贵族，曾执教 40 年。古希腊哲学家，西方哲学乃至整个西方文化最伟大的哲学家和思想家之一，他和老师苏格拉底、学生亚里士多德并称为"古希腊三大哲学家"。他一生著述颇丰，其哲学思想主要集中在《理想国》和《法律篇》中。

　　《理想国》又译作《国家篇》、《共和国》等，与柏拉图大多数著作一样，以苏格拉底为主角、用对话体写成，共分 10 卷，其篇幅之长仅次于《法律篇》，一般认为属于柏拉图中期的作品。这部"哲学大全"不仅是柏拉图对自己此前哲学思想的概括和总结，而且是当时各门学科的综合，它探讨了哲学、政治、伦理道德、教育、文艺等等各方面的问题，以理念论为基础，建立了一个系统的理想国家方案。

　　《理想国》是西方政治思想传统的最具代表性的作品。通过苏格拉底与他人的对话，给后人展现了一个完美优越的城邦。

　　柏拉图把国家分为三个阶层：受过严格哲学教育的统治阶层、保卫国家的武士阶层、平民阶层。他鄙视个人幸福，无限地强调城邦整体、强调他一己以为的"正义"。在柏拉图眼中，第三阶层的人民是低下的，可以欺骗的。他赋予统治者无上的权力，甚至统治者"为了国家利益可以用撒谎来对付敌人或者公民"。

《理想国》涉及柏拉图思想体系的各个方面,包括哲学、伦理、教育、文艺、政治等内容,主要是探讨理想国家的问题。

在《理想国》一书里,柏拉图借苏格拉底之口通过与其他人对话的方式,设计了一个真、善、美相统一的政体,即可以达到公正的理想国。柏拉图的理想国是人类历史上最早的乌托邦。在他的理想国里统治者必须是哲学家。他认为现存的政治都是坏的,人类的真正出路在于哲学家掌握政权,也只有真正的哲学家才能拯救当时城邦所处的危机。这种信念构成了柏拉图成熟的政治哲学体系的核心。在他的眼里,"哲学家"有着特殊的内涵。他认为哲学家是最高尚、最有学识的人,而这种贤人统治下的贤人政体就是最好的政体。所以,只有建立以哲学家为国王的国家才是最理想的国家。这个国家就是存在于天上的模范国家。他坚信只有哲学家才可拯救城邦和人民,哲学家是理想国必然的统治者。

人类追求的正义与善就是柏拉图理想国的主题。他认为国家、政治和法律要朝向真正的存在并与人的灵魂相关才有意义。在《理想国》里,苏格拉底刚开始讨论的话题就是"正义"问题,由此我们可以看到柏拉图对正义有着多么强烈的憧憬与向往!他认为绝对的正义在神那里,这正好印证了对话结尾的宣言:"让我们永远走向上的路,追求正义和智慧"。正义和智慧不仅是国家的主题,也可以说是整个宇宙存在的本质,因为国家的起点"就是永无止境的时间以及时间带来的变化"。

■ 帝国黄昏中的洋帝师

　　1918 年,曾任国务卿的徐世昌即将出任民国大总统,不能再为失去权力而仍保留帝号的溥仪当老师。改朝换代,遗老们心有不甘,妄想溥仪有朝一日东山再起、重新执政。为了配合这一需要,徐世昌等人决定为溥仪挑选一位教授欧洲宪政、特别是英国君主立宪制方面知识以及英语的老师。

　　不久,清末大臣、洋务派和淮军首领李鸿章次子李经迈即力荐了一位名唤雷金纳德·弗莱明·约翰斯顿的英国人。1919 年,经徐世昌批准,约法十六条,以合同聘任制形式正式聘请他为皇帝的教习。此人遂成为中国几千年帝王史上第一位也是最后一位具有 "帝师" 头衔的外国人。他有个响亮的中文名字——庄士敦。这一年溥仪刚好 14 岁,而庄士敦已 45 岁。

　　庄士敦出生于英国的苏格兰,天资聪颖,在校期间学业出众。1898 年考入英国殖民部。同年,他就被作为一名东方见习生派往香港。由于其出众的汉语水平,不久即成为英国驻香港殖民机构的正式官员。1904 年,经骆克哈特推荐,庄士敦被英国殖民部派往威海卫,任威海卫最后一任长官,因而成为威海卫近代殖民史上继首任文职行政长官骆克哈特之后又一位举足轻重的人物。

　　庄士敦对中国传统文化尤其是儒家思想几乎达到了痴迷的地步。他的足迹遍布各地,了解中国的国情,是 "西洋通" 兼 "中国通",算得上颇佳的帝师人选。然而,他就任帝师的过程并非一帆风顺。一方面,当时许多人都把他看成西方文化的代表,是文化侵略的急先锋,甚至说庄士敦教英文是假,实际上是小朝廷与英国使馆的联络人,是英国特务,极力阻挠此事。而在英国人的眼中,庄士敦又是一个过于热心拥抱异国文化的怪人,甚至是一个一心效忠外国主子的"英奸"。然而,这样的冷言厉语并未吓退庄士敦,他在心底发誓要不辱使命,就像在威海卫时做好了"庄大人"那样,他也一定要扮演好"帝师"这一角色。

事实上,在庄士敦面对责难之时,因为肩负重望,溥仪也同样承受很大的学习等各方面的压力。经过接触、磨合,他们很快变得关系融洽。在庄士敦眼里,"皇帝陛下是世界上最孤独的孩子",这个小皇帝有诗画方面的才能,对时事有浓厚的兴趣,对新事物有强烈的好奇心,并能够作出自己的判断;同时性格中也有着致命的弱点——浮躁,安于现状而不思进取。这也成为他后来的人生中悲剧命运的根源。正是有感于此,庄士敦充满怜爱地呵护着他的这个特殊的弟子。而溥仪呢,对这位洋老师,也从最初的"畏"变成了后来的"信"。

庄士敦从英文单字和会话开始教起,他教溥仪学《诗选》、《读本》还有《实用英语会话》等,继而又读《伊索寓言》、《金河王》、《艾丽斯漫游仙境》等,并穿插给他讲一些世界历史和地理知识,每天三四个小时,溥仪进步很快。

庄士敦对溥仪竭诚尽忠,无微不至地关心溥仪,也为古老的皇宫带来了新的气息。庄士敦穿着大清朝服,操一口非常流利的北京官话,行大清礼节,还学着中国人的样子,摇头晃脑、抑扬顿挫地诵读唐诗……完全中国化了的庄士敦,却一心想着"西化"溥仪,试图让他的皇帝学生成为具有绅士风度气派的人。或许,那才是他心目中作为皇帝该有的作派。许多年后,溥仪这样追忆道:"他的教育不只是英文,或者说,英文倒不重要,三年间我只不过学了一部英文四书和一本童话书,他更注重的是教育我像个他所说的 English Gentleman(英国绅士)那样的人。我十五岁那年,决心完全照他的样来打扮自己,叫太监到街上给我买了一大摞西装来。我穿上一套完全不合身、大得出奇的西服,而且把领带像绳子似的系在领子的外面,当走进毓庆宫叫他看见的时候,他简直气得发了抖,叫我赶快回去换下来。第二天,他带来了裁缝给我量尺寸,定做了英国绅士的衣服。"

庄士敦还向溥仪介绍西方文明,使他大开眼界。在《我的前半生》里,溥仪写过这样一件事:"有一次,他给我拿来了一些外国画报,上面都是关于第一次世界大战(当时叫欧战)的图片,大都是显示协约国的军威的飞机、坦克、大炮之类的东西。我让这些新鲜玩意儿吸引住了。他看出了我的兴趣,就指着画报上的东西在旁作讲解,坦克有什么作用,飞机是哪国的好,协约国军队怎样的勇敢……起初我听得还有味道,不过只有一会儿工夫我照例又烦了。我拿出了我的鼻烟壶,把鼻烟倒在桌子上,在上面画起花来。庄师傅一声不响地收起了画报,等着我玩鼻烟,一直等到下课的时候。还有一次,他给我带来一些外国的糖果,那个漂亮的轻铁的盒子,银色的包装纸,各种水果的香味,让我大为高兴。他就又讲起那水果味道是如何用化学方法造成的,那些整齐的形状是机器制成的。但是,什么叫做化学,机器如何巧妙,我一点也听不懂,也不想懂。我吃了两块糖,想起了桧柏树上的蚂蚁,也想让它们尝尝化学和机器的味道,于是我就跑到跨院去了。这位苏格兰老夫于是又守着糖果盒子等在那里,一直等到下课。

"尽管我对庄士敦师傅的循循善诱不能完全记住,我经常在吃第二块点心的时候就把吃第一块时记住的忘得一干二净,可是画报上的飞机大炮、化学糖果和茶会上的礼节所代表的西洋文明,还是深深印进了我的心底。""然而,最先造成我们师生的融洽关系的,是他的耐心。今天回想起来,这位爱红脸的苏格兰人能那样地对待我这样的学生,实在是件不容易的事。""庄师傅教育我的苦心,我也逐渐地明白,而且感到高兴,愿意听从。"

庄士敦还是溥仪与外面世界联系的纽带。同样,在《我的前半生》里,溥仪写道:"在我结婚前后,毓庆宫的最后一年里,庄士敦已是我的灵魂的一部分。我们谈论课外问题所占用的上课时间已经越来越多,谈论的范围也越来越广泛。他给我讲过英国王室的生活,各国的政体国情,大战后的列强实力,世界各地风光——日不落的大英帝国土地上的风物,中国的内战局势,中国的'白话文运动'(他这样称呼五四新文化运动)和西方文明的关系,他谈论到复辟的可能性和不可靠的军阀态度……有一次他说:'从每

我的未来不是梦

种报纸上都可以看得出来,中国的人民是思念大清的,连穷乡僻壤里的农人也要询问皇帝陛下的消息,每个人对共和制都厌倦了。我想暂且不必关心那些军人们的态度,皇帝陛下也不必费那么多时间从报纸上去寻找他们的态度,也暂且不必说他们拥护复辟和拯救共和的最后目的有什么区别,这都不必去谈,总而言之,陈太傅的话是对的,皇帝陛下圣德日新是最要紧的。所谓圣德日新,总不是在紫禁城的天地中的事。在欧洲,特别是在英王陛下的土地上,在英王太子读书的牛津大学里,皇帝陛下总是可以得到许多必要 的知识,展开必要的眼界的……'

"在我动了留学英国的念头之前,他已给我打开了不小的"眼界"——如果这可以叫做眼界的话。经过他的介绍,紫禁城里出现过英国海军司令,香港英国总督,日本驻天津总领事,二次大战之后当过首相的吉田茂……每个人对我都是彬彬有礼地表示了对我的尊敬,称我为皇帝陛下。"

庄士敦努力向溥仪传授西方先进思想,同时也把《新青年》这样的激进刊物带到宫里给溥仪开阔眼界。这使溥仪越来越不满于祖上的陈规陋习,并在紫禁城里面进行了翻天覆地的改革。于是故宫里响起了电话铃声,溥仪也学会了打网球、开汽车。

他还经常同溥仪讨论太监制度,让溥仪认识到,西方世界已经将此视为野蛮的行径。在庄士敦的提议下,1923 年,紫禁城里的一千多名太监排队出宫,与中国帝制一样长的太监制度从此被取消了。也是在他的劝说下,溥仪剪了辫子,"只因庄士敦讥笑说中国人的辫子是猪尾巴,我这才明白脑袋后的这东西确实不雅观,立刻毫不犹疑地把它剪掉了,和谁也没商量。"为此还闹了一场风波。内务府的司员们对庄士敦越来越不满意,但是又无可奈何。

这位欧洲绅士对于小皇帝的意义,早就超越了教与学的范畴,而是指点人生的长辈,是可以倾诉心事的朋友。这种感情,是溥仪和他的生父醇亲王之间从来没有过的。溥仪对这位洋老师也非常信赖,最后还赏赐洋老师以头品顶戴。而在《我的前半生》里,溥仪更是专门辟出一章,来回忆这位英国教师对他的深刻影响。

　　庄士敦对溥仪的关爱从未中断。1924年10月,冯玉祥发动北京政变,囚禁了贿选总统曹锟,随后又将溥仪逐出了紫禁城。庄士敦的前景也迅速随之沉重黯淡起来,但他无暇顾及自己心底冒出的阵阵失落与怅惘,前往东交民巷的使馆区,请求外国公使尽力保护溥仪。他先后参见了英、日、荷使馆官员,并同三国公使一起约见当时的外交部长王正廷,向其施加外交压力,直至将溥仪安全地转移到了日本使馆。

　　从1924年11月29日至1925年2月23日,溥仪在日本使馆逗留了近三个月。在这段时间里,溥仪经常去英国使馆见他的老师兼保护人庄士敦。小朝廷解散,从合同上说,庄士敦也已经被中国政府解职,但他一直都挂念着溥仪,经常跟溥仪通信,宽慰他,给他精神支持,继续在给昔日的学生出谋划策。他劝溥仪出国留学,以准备东山再起。此时的庄士敦与英国外交部的关系也搞僵了,仕途前景黯淡。

　　中国的千年帝制,随着清王朝的覆灭而从中国的政治舞台上消失了,但庄士敦这位苏格兰人却忠贞地守望了一生。"九一八"事变之后,宋子文曾专门与之会面,要他利用自己的特殊身份,劝阻溥仪不要去日本控制下的满洲做傀儡皇帝,但他最后还是拒绝了这个请求。曾经的"帝师"与清室保护人的角色,削弱了这位学者冷静的判断力。

　　也是在"九一八"事变后,他代表英国外交部来中国办理归还威海卫等遗留问题,顺便又到天津去看过溥仪,对溥仪的前途深抱希望。后来,他把溥仪出宫这段变故以及没落的情形写成书。在英文版扉页上,庄士敦写道:"谨以此书呈献给溥仪皇帝陛下,以纪念十五年之前建立于紫禁城的良好友谊。并谨以此书对陛下本人以及生活在长城内外的他的人民,致以衷心的祝福。历经这个黄昏和漫漫长夜之后,正在迎来一个新的更为幸福的时代曙光。"他还郑重请求溥仪给他的著作写了一百多字的序言。这部书名头很响,它便是《紫禁城的黄昏》。1935年溥仪在长春时他也曾去看望过,并且拜访张学良,为溥仪联络、打探时局。这是他最后一次来中国。这一次,他对溥仪的留任邀请婉言相拒。

　　庄士敦于1931年回到了阔别已久的英国,但他始终念念不忘自己在中国度过的三十四载光阴。他以中国人的名义写了一本书《一个中国人对于在华教会人士的意见》，得罪了英美教士，很不为当时舆论所容。忧伤的庄士敦更感孤独，后来就用《紫禁城的黄昏》所得的稿费买下苏格兰西部荒凉的克雷格尼希湖中间的三个小岛，在岛上挂起了伪满洲国的国旗，宣称此三小岛为"小中国"；他还将居室分别命名为"松竹厅"、"威海卫厅"和"皇帝厅"等，并在其住所办了一个陈列馆，陈列着溥仪赏赐给他的朝服、顶戴及饰物等。每逢年节，他就穿起清朝的服装，邀请亲友到岛上相聚。如此数年，直到 1938 年 3 月 6 日辞世，他才终止了对在中国时那悠悠往事的深沉眷恋和怀想。

庄士敦有个耐人寻味的字："志道"，取自《论语》"士志于道"，即要做基本价值的维护者之意。庄士敦也的确努力过。事实上，这位走进帝国黄昏的人，确曾试图辅佐他的学生"挽狂澜于既倒"，当然，结局众所周知。这位将生命历程中主要部分留在中国的"庄大人"，在他即将作别人间的那一刻，是否能忆起曾经岁月中那沉重的得与失？

逐梦箴言

庄士敦是位称职的"帝师"吗？不好说。但有一点是明确的：他真的算是"好老师"，至少，他做到了"尽心尽力"。

知识链接

《紫禁城的黄昏》

《紫禁城的黄昏》(TwilightintheForbiddenCity)是一部奇特的书。记述了晚清、民国之初的中国,大者如戊戌变法、八国联军攻入北京、张勋复辟、冯玉祥逼宫、溥仪逃亡日本领事馆等等,小者如溥仪配眼镜、装电话、剪辫子、辜鸿铭哭主、民国总统送礼等等,皆有记述,读来历历如在眼前。书中人物众多,慈禧太后、光绪皇帝、康有为、溥仪、袁世凯、张作霖、段祺瑞、王国维、胡适等等,均生动鲜活。

该书初版于 1934 年的伦敦。甫一问世即引起轰动,一时洛阳纸贵。其扉页题字:"谨以此书献给溥仪皇帝陛下。"落款:"他的忠诚与依恋的臣仆及教师庄士敦。"书前有《宣统皇帝御序》:"……仓皇颠沛之际,唯庄士敦知之最详。今乃能秉笔记其所历,多他人所不及知者。""多他人所不及知者",道出了这本书的史料价值。溥仪被质押前苏联期间,前苏联人就是以这部书为线索对他进行问讯的。

20 世纪 60 年代初,溥仪编撰《我的前半生》一书,绝大部分史料亦参照庄士敦这本回忆录。《我的前半生》中如内务府同庄士敦斗法,把一人高的金塔抬到庄府让他卖钱一事,就基本上按庄士敦的回忆重叙了一遍;有关建福宫大火的损失清单,字画古玩焚毁的数字,《我的前半生》也是照抄《紫禁城的黄昏》;1924 年 11 月 29 日,庄士敦陪同溥仪逃出醇王府去德国医院再赴日本兵营寻求庇护,《我的前半生》也基本上以庄士敦的回忆为蓝本……均可见该书的史料价值。

《紫禁城的黄昏》行文老辣,颇有文采。该书也是毛泽东喜欢的书籍之一。据毛泽东的英文教师章含之回忆,当年他们练习英文文法时,所列的参考书目中即有庄士敦这本书。

■ 走上大学讲台的初中生

　　华罗庚于 1910 年 11 月 12 日出生在江苏省金坛县。1924 年从金坛中学初中毕业后,因家境贫寒,无力供他继续求学,年仅 14 岁的他便辍学了,在父亲经营的小杂货铺里当起了伙计。他很早就显示了过人的数学天分。他的初中老师王维克很欣赏他的数学才华,鼓励他继续自学数学,并提供相应的帮助。于是,华罗庚一边替父亲料理生意,一边刻苦钻研数学,从未中断。

　　转眼间,到了 1927 年,华罗庚和来自书香门第,知书达礼、聪明勤快的吴筱元结婚了。婚后不久,为维持生计,在王维克老师的推荐下,华罗庚进入金坛中学当了数学教员。华罗庚非常感谢王维克先生的好心,在教学上非常卖力,深受同学们的欢迎。

　　然而,好景不长。就在华罗庚到学校工作不久,金坛县发生了流行性瘟疫。华罗庚也病倒了,家人四处为他请医问药。这期间,雪上加霜的是,华罗庚的母亲因患伤寒离世。由于悲痛过度,华罗庚的病情加重,父亲变卖了所有的家产,为儿子治病。

　　半年后,他竟然奇迹般地痊愈了。华罗庚卧病在床的这 6 个月,妻子悉心照料着他,从未离开过。但由于缺乏医学常识,华罗庚的左腿已经严重变形,留下了严重的后遗症,他成了一个瘸子。华罗庚一度精神濒临崩溃。最终他选择了坚强面对,一方面他加强锻炼,试图改变身体现状;另一方面,他不断地提示自己要更好地生活下去,继续研究自己钟爱的数学。

然而,生活却并没有因此停止对华罗庚的考验。

虽然华罗庚在学校里一向都是兢兢业业地努力工作,但就是有那么几个居心不良的人,认为华罗庚没有文凭,不能担任中学的教员。他们向校长告状,说王维克假公济私、任人唯亲,将华罗庚这样一个既没学历,又没文凭的瘸子招进学校,败坏了学校的声誉。

一向刚直不阿、孤傲清高的王维克受了这样的诬告,真是百口莫辩。他怒不可遏,一气之下,离开金坛中学到上海去了。

王维克一走,华罗庚也随之失去了工作。这对于刚从死神手中挣脱出来的华罗庚来说,无疑又是一个极大的打击。还好,在这时,金坛中学的韩大受校长看到在如此的逆境中,华罗庚并没有消沉,仍然在顽强地钻研数学时,一股惜才之情油然而生。于是力排众议,将华罗庚调进学校做会计和事务员,发挥华罗庚的专长。

从此,华罗庚总算摆脱了生活困境,又可以安心工作和钻研数学了。

恰好在这个时候,王维克老师给华罗庚寄来了几本数学书和一本名为《科学》的杂志。这本杂志是当时数学界水平最高的权威杂志,上面刊登了许多数学论文,其中许多论文还是国内一些很有名的数学家撰写的。

华罗庚在认真研读完这本杂志后,发现里面的内容并不是想象中的那么深奥难懂,其中大部分的文章都能读懂,其中好些论文中涉及的问题还是自己曾经研究过的。

一种跃跃欲试的迫切心情从华罗庚的心底油然而生,他决定自己也写一篇论文,希望能发表在《科学》杂志上。

华罗庚翻箱倒柜,找出这几年来自己所积累的数学手稿,从中找出自己研究得最为透彻、最有价值的内容,花了近两个月的时间,写了又改,改了又写,整理成一篇论文,将信寄了出去。一段时间过后,一封退稿信翩然而至。华罗庚清楚,这很在程度上是因为自己的信息太闭塞了,居然连人家发表过的论文都不知道,他没有气馁,从此,他一边认真钻研,一边想方设法了解相关的数学信息。

为了看到每一期的《科学》杂志,华罗庚要么拖着残疾的病腿,一趟一趟往城里跑;要么就托进城办事的老师为他代购。华罗庚每月的薪水十分微薄,但他总是过着最节俭的生活,省下钱来购买杂志和书。除了《科学》外,他还订了另外一本名叫《学艺》的杂志。

1926 年,华罗庚在《学艺》第 7 卷第 10 期上看到了数学家苏家驹发表的一篇名叫《代数的五次方程式之解法》的论文。让华罗庚非常诧异的是,苏家驹居然在论文中说,解五次方程可以用解二次、三次、四次方程一样的方法来解。可是,早在 1816 年,法国数学家阿贝尔就已经证明,这种方法是行不通的。那么到底是 100 年前的阿贝尔说得对,还是现在的苏家驹讲的正确呢?

华罗庚没有急着下结论,他凭着多年来研究数学所养成的缜密的逻辑思维,开始对苏家驹的这篇论文进行仔细推敲。

经过一段时间的认真研究,华罗庚发现,虽然苏家驹的论文前半部分合乎常理,但在中间的第三页却出现了一个明显的破绽,含混不清,前后矛盾。这个漏洞所导致的直接结果就是这篇论文所得出的结论是错误的。这样,阿贝尔的理论无疑是正确的。确认自己的发现无误后,华罗庚给《学艺》杂志社去了一封信,指出苏家驹论文中的错误。没想到,《学艺》杂志对华罗庚的来信非常重视,很快就在当年第 9 卷第 7 期刊登了更正声明,对刊登苏家驹的错误论文表示道歉。

这则声明让华罗庚受到了很大的鼓舞。他决定写一篇论文,全面纠正数学家苏家驹的错误观点。

然而,他的心中也不无忧虑。苏家驹是当时有名的数学家,数学界的权威人物。而自己只是一个名不见经传的小人物,如果自己全盘否定苏家驹,不是在向权威挑战吗?但他转念一想,科学维护的应当是真理,而不是权威。他就此打定了主意。

1930 年 12 月,华罗庚的论文《苏家驹之代数的五次方程式之解法不能成立之理由》在《科学》杂志上发表了。文章的发表赢得数学界的一片叫好之声。更令那些数学界知名人士吃惊的是,写出这篇论文的居然是一个名不见经传的华罗庚!

　　文章的发表让华罗庚多少有点意外,他没想到自己对学术界权威人士的挑战居然成功了。他更没想到的是,就是这篇文章,居然引起清华大学数学系主任熊庆来的注意,并最终让他迈入了中国科学界的最高学府——清华大学,从而改变了他的人生历程。

　　原来,早在苏家驹的论文发表之初,熊庆来就发现其中有破绽。但碍于情面,他也没有深究,也没有写文章进行批驳。熊庆来认真地将华罗庚的论文从头到尾阅读,发现华罗庚的逻辑非常严密,论证也十分到位。更难能可贵的是,这篇论文虽然是批驳别人,但态度却非常谦虚。这就说明作者不仅学识渊博,而且虚怀若谷。一个偶然的机会,熊庆来了解到华罗庚的处境和状况,感到惊讶不已。一个在家自学的残疾青年,居然能够达到如此高的水平,可见这个华罗庚真是不简单。

　　熊庆来当即决定,一定要将这匹数学领域的"千里马"引到清华园来。

　　当华罗庚出现在他面前后,通过交谈,熊庆来发现华罗庚的数学水平已不在一般的研究生之下,更加坚定了他一定要助其一臂之力的决心。

　　几天以后,熊庆来为华罗庚安排了一个助理员的工作。工作很轻松,只是整理图书资料,收发文件,绘制图表。工作之余,还可以去听课和自修。每月工资40元,这对刚从金坛镇来到清华的华罗庚来说已经相当丰厚了。华罗庚的办公室就在熊庆来办公室外面,因而可以随时向熊庆来请教问题,聆听熊先生的教诲,这对华罗庚来说简直是天赐良机。

　　来到清华大学这片新天地里,华罗庚如鱼得水。他十分珍惜这来之不易的机会,一边认真工作,一边拼命学习。不到两年的时间,他就学完了数学专业的全部课程,而且还自学了英语和法语。一有空闲,他不是去听课,就是一头扎进图书馆。经过刻苦学习,华罗庚的数学水平突飞猛进。在学习完高等数学的基础知识后,他的注意力慢慢由国内转到国外,开始涉及国际数学界的前沿课题。

　　这期间,他致力于学习数论。他知道自己对数论的学习起步较晚,只有抓紧时间,尽快向尖端的水平靠拢,才能跟上国际数学研究的步伐。

　　熊庆来教授得知华罗庚正在钻研数论这个国际数学领域的领先课题,

对华罗庚非常支持。

他一边热情地鼓励华罗庚，一边为华罗庚解答有关的疑难问题。他还向华罗庚推荐了两本数论名著：大数学家希尔伯特的《数论报告》和名教授朗道的《数论教程》。几个月后，华罗庚不仅对这两本著作融会贯通，而且开始研究数论中人们所公认的最艰深的"华林问题"和"他利问题"。为了解决数论中这两只拦路虎，世界上许多数学家都在孜孜不倦地努力工作和研究。华罗庚的研究得到了清华数学系杨武主教授的指导和帮助。每当遇到疑难，华罗庚总是不辞辛苦地到杨教授家登门求教。杨武主教授也总是不厌其烦，竭尽所能为华罗庚解答疑难。在杨武主的指导和自己的认真钻研下，华罗庚的数论水平有了很大提高。

1934年一年中，华罗庚就发表了8篇论文，其中6篇发表在国外知名的数学杂志上。1935年，华罗庚又发表了7篇论文。其中一篇发表在德国著名的《数学年鉴》杂志上。他以"华氏定理"为主导的一系列成就，向全世界显示了中国数学家出众的智慧与能力，也为中国数学界在国际上争得了荣誉。

研究数学问题，往往需要很长时间。可是华罗庚的助理员工作非常繁琐，占去了他大量时间，而且还得经常跑腿，这对有残疾的他来说，很不方便。但华罗庚对这些毫无怨言，总是尽心竭力地把工作做好。

爱才心切的熊庆来教授看到华罗庚成天这样忙上忙下，晚上还得熬夜钻研数学，看在眼里，疼在心头。他觉得，为了不影响华罗庚的学习研究，必须为他找一份轻松点的工作。因此，熊庆来决定提拔华罗庚担任数学系的助教。

按照惯例，没有大学文凭的人是不能登上清华大学讲台的。华罗庚只有初中文凭，让他做数学系的助理员已经是一件"破天荒"的事情了，怎么还能再提拔他做堂堂清华大学的助教呢？在熊庆来、杨武主等几位教授据理力争下，华罗庚终于被破格提升为清华大学数学系的助教，成就了这个奇迹。

华罗庚非常感谢熊庆来教授和叶企荪院长的知遇之恩。因此，他决心用努力工作、认真研究来报答他们，为他们争光。

华罗庚教的是大学低年级的微积分课，这对他来说简直就是牛刀小试。然而，为了把课上好，他还是认真地备课和准备讲义。

这天，华罗庚第一次以教师的身份登上大学讲台。讲台下面，宽敞的梯形教室里坐满了学生。上百双眼睛直盯看他，打量着这位陌生的数学教师。

众目睽睽之下，华罗庚的心中掠过一丝不安，但很快他就镇定了下来，滔滔不绝地讲了起来。一进入数学这个奇妙的天地，华罗庚就像一位驾轻就熟的骑手，尽情地驰骋。他那清晰的思路，有力的论证，生动的语言，让在座的学生无不佩服得五体投地，对华罗庚的讲课报以热烈的掌声。

就这样，华罗庚在诸位爱才若渴的老师的极力帮助下，以自己过人的拼搏精神，实现了人生质的飞跃，由一个初中生摇身变为大学课堂上的老师，并最终成为举世公认的数学大家。就是这位华罗庚先生，曾毅然放弃在美国享受到的优厚待遇回到祖国，投身数学教育等工作。他曾大力扶植数学人才，那位陈景润就曾得到过他力助，华罗庚极好地延续着师者那广阔无垠的大爱。不过，那是后话了。

逐梦箴言

华罗庚的成功和他过人的数学天分、执着的坚持精神分不开，更与恩师们尽心竭力的帮助有关。想获得帮助吗？那你首先要值得帮助才好。

知识链接

华罗庚辉煌的数学生涯

华罗庚（1910 年 11 月 12 日—1985 年 6 月 12 日），江苏

我的未来不是梦

金坛人,中国著名数学家,中国科学院院士,美国国家科学院外籍院士。他是中国解析数论、典型群、矩阵几何学、自守函数论与多元复变函数等很多方面研究的创始人与奠基者,也是中国在世界上最有影响的数学家之一,被列为芝加哥科学技术博物馆中当今世界88位数学伟人之一。他一生为我们留下了十部巨著:《堆垒素数论》、《指数和的估价及其在数论中的应用》、《多复变函数论中的典型域的调和分析》、《数论导引》、《典型群》(与万哲先合著)、《从单位圆谈起》、《数论在近似分析中的应用》(与王元合著)、《二阶两个自变数两个未知函数的常系数线性偏微分方程组》(与他人合著)、《优选学》及《计划经济范围最优化的数学理论》,其中八部为国外翻译出版,已列入20世纪数学的经典著作之列。此外,还有学术论文150余篇,科普作品《优选法评话及其补充》、《统筹法评话及补充》等,辑为《华罗庚科普著作选集》。

上世纪40年代,解决了高斯完整三角和的估计这一历史难题,得到了最佳误差阶估计;对G·H·哈代与J·E·李特尔伍德关于华林问题及E·赖特关于塔里问题的结果作了重大的改进,三角和研究成果被国际数学界称为"华氏定理"。

倡导应用数学与计算机的研制,曾出版《统筹方法平话》、《优选学》等多部著作并亲自在中国推广应用。在发展数学教育和科学普及方面作出了重要贡献。在代数方面,证明了历史长久遗留的一维射影几何的基本定理;给出了体的正规子体一定包含在它的中心之中这个结果的一个简单而直接的证明,被称为嘉当-布饶尔-华定理。

其专著《堆垒素数论》系统地总结、发展与改进了哈代与李特尔伍德圆法、维诺格拉多夫三角和估计方法及他本人的方法,40余年来其主要结果仍居世界领先地位,先后被译为俄、匈、日、德、英文出版,成为20世纪经典数论著作之一。

其专著《多复变典型域上的调和分析》以精密的分析和矩阵技巧,结合群表示论,具体给出了典型域的完整正交系,从而给出了柯西与泊松核的表达式,获中国自然科学奖一等奖。

与王元教授合作在近代数论方法应用研究方面获重要成果,被称为"华-王方法"。

■ 俯首甘为孺子牛

在鲁迅的《三闲集·〈近代世界短篇小说集〉小引》中,有这样一句话:"只要能培一朵花,就不妨做做会朽的腐草。"从某种意义上讲,这是鲁迅作为一个教育家的真实写照。

1909年的夏天,鲁迅从日本回国,入杭州浙江两级师范学堂任化学和生物教员。这一年,鲁迅28岁。初为人师,他的外表还有些"稚嫩",因为在他的学生中,有很多人的年纪都比他大——这些学生穿长衫、留辫子,有的已身为人父,孩子也不比鲁迅小多少。他们哪里晓得,这个仍穿着学生制服的小老师,生就一个厉害的角色。

在两级师范学堂,鲁迅可谓身兼数职。他既是初级师范的化学教员,又是高级师范的生理卫生教员,同时,还兼任日籍植物学教员的助教及课堂翻译。校园里处处可以看到他灵动的身影,教室里时时可以听见他带着绍兴口音的讲课声。

自己担任的两门课,鲁迅都是自编讲义,其中《生物学讲义》,是我国近代最早的生理卫生讲义之一。可见,鲁迅从年轻的时候开始,就是敢做第一个吃螃蟹的这样的精英。

在《生理学讲义》里,鲁迅编入了生殖器官的组织结构和生理机能的内容,并在课堂上,大大方方地传授给学生。他要求学生不要害羞,也不要觉得好笑,这是科学,需严肃对待。

试想一下,在那样的一个年代,讲生理卫生是需要怎样的勇气?

可鲁迅能够坦然处之。讲生殖系统，是对封建礼教的挑战，更是传播科学知识。学生懂得了胚胎的产生过程，也就打破了宿命论的困扰，对生活和生命有了全新的认识。不但如此，鲁迅还鼓励学生解剖尸体，让他们对人体有更新的更直接的了解。

有的学生说："身体发肤，受之父母，不能毁坏。"

鲁迅却说："我都毁坏过许多的'身体发肤'！我曾经解剖过不少的尸体，有老年的，壮年的，男的，女的。最初也曾感到不安，后来就不觉得有什么了。"

鲁迅的话，让学生们很受启发。

在两级师范学堂，有一个日籍教师，是讲植物学的，鲁迅是他的助教。为了让学生易于学到有关植物的知识，鲁迅常和日籍教师一起，带着学生们去野外空地观察植物品种，采集、制作植物标本。

1910年的春天，仅3月的一个月里，鲁迅就和学生共同外出上课12次，地点遍及杭州四外的山水之间。有一次，鲁迅和日籍教师一起带学生上课，采集标本的过程中，一个学生指着一棵开黄花的植物，问日籍老师："这花叫什么名字？"

日籍老师看了一眼，随口答道："一枝黄花。"

学生闻听大笑，与其他同学议论，"先生真能胡说。'一枝黄花'这样的名字，我随口也可以起得出来。"

鲁迅在一旁听了，很严肃地把那个学生叫过来，告诉他，"它的确就叫'一枝黄花'。"

学生大为惊讶。

鲁迅教育他："批评别人，首先要有科学的根据，信口开河，就是对学问的不尊重。《植物大辞典》里记载，这种植物属于菊科，名字就是如此的俗气。"

学生知道自己错了，惭愧地低下了头。

作为一名教师，鲁迅是爱学生们的。我们知道，他执教于北平女子师范学校的时候，因为学生刘和珍的惨死，他悲愤的挥笔写下了《记念刘和珍君》;当许广平受到军警的追捕时,他毅然让人传话,叫许广平到自己的家里躲避。这一切都可见鲁迅人格之高尚。

在两级师范学堂时,鲁迅就是这样!

有一次,他给学生上化学课。这一堂课的内容里,有一项氢气燃烧实验。实验设备安置妥当,他才发现自己忘带火柴,便一边关照学生不要摇动烧瓶,以免混入空气,那样一来,燃烧时会发生爆炸;一边返回教员室取火柴。等他回来做实验时,烧瓶却突然发生了爆炸,玻璃碎片飞得四处都是。鲁迅的手受伤了,鲜血直流讲台,点名册和衬衫沾染斑斑血迹,实验设备也歪倒在一边。鲁迅飞快地跑下讲台——他顾不上自己的伤痛,却急着去看讲台下的学生,看看他们是否受伤,安顿他们不要惊慌乱动。

1910年6月,南京举办了一个全国性的"南洋劝业会"。这是我国历史上具有现代意义的博览会,设有教育、工艺、卫生等分馆,规模空前。鲁迅这时正在绍兴府中学堂任教。他得知消息,立即和学校商量,主张带学生去开阔视野。

对于这次活动,学生们都很兴奋。十多天的参观学习,让学生们大开眼界,个个满载而归。

鲁迅就是这样一个人——"用尽我的爱,牺牲于后起之人。"

他说到了,也做到了。

逐梦箴言

对于"鲁迅"这个名字大家都不感到陌生。在某种程度上,这是一位常讲常新的人物,因为他总能从各个方面带给我们不同的启示。

我的未来不是梦

鲁迅与《阿Q正传》

鲁迅不但是伟大的文学家,而且是伟大的思想家和伟大的革命家。《阿Q正传》写于1921—1922年,为鲁迅小说代表作,是鲁迅唯一的一部中篇小说,共九章,采用章回体的形式写成,最初发表于北京《晨报刊副》,后收入小说集《呐喊》。

《阿Q正传》展现了辛亥革命后一个畸形的中国社会和一群畸形的中国人的真面貌,讽刺了一些心灵丑陋的旧中国人,同时也道出了千百年来中国人一直存在的劣根性。它的发表,有着特定的政治、经济和文化背景:辛亥革命推翻了两千多年的封建帝制,使民主共和的观念深入人心,但它没有完成反帝反封建的民主革命的伟大任务。资产阶级把有强烈革命要求的农民拒之门外,而向封建势力妥协,这就不可能解决中国人民尤其是占人口绝大多数的农民问题。因此,广大农民在革命之后,仍处于帝国主义和封建主义的残酷剥削和压迫之下,承受着政治上的压迫,经济上的剥削和精神上的奴役。他们仍然"想做奴隶而不得"。

鲁迅以思想家的冷静和深邃思考,以文学家的敏感和专注,观察、分析着所经历所思考的一切,感受着时代的脉搏,逐步认识自己所经历的革命、所处的社会和所接触的人们的精神状态。这便是《阿Q正传》写作背景。鲁迅一生都在思考国民性问题,他一生以笔为刀,解剖中国人的灵魂,对民族精神的消极方面给予彻底的暴露和批判。

鲁迅在《我怎么做起小说来》中说:"自然,做起小说来,总不免自己有些主见的。例如,说到'为什么'做小说罢,我仍抱着十多年前的'启蒙主义',以为必须是'为人生',而且要改良这人生。……所以我的取材,多采自病态社会的不幸的人们中,意思是揭出病苦,引起疗救的注意。"他又在《〈呐喊〉自序》中说:"凡是愚弱的国民,即使体格如何健全,如何茁壮,也只能做毫无意义的示众的材料和看客,病死多少是不必以为不幸的。所以我们的第一要著,是在改变他们的精神,而善于改变精神的是,我那时以为当然要推文艺,于是想提倡文化运动了。"他在谈到《阿Q正传》的成因时,说他要"写出一个现代的我们国人的魂灵来",又说,"我虽然竭力想摸索人们的灵魂,但时时总自感有些隔膜。在将来,围在高墙里面的一切人众,该会自己觉醒,走出,都来开口的罢,而现在还少见,所以我也只依了自己的觉察,孤寂地姑且将这些写出,作为在我的眼里所经过的中国的人生。"

根据鲁迅做小说的目的、治疗国民弱点的论述和《阿Q正传》的成因等言论,可以概括《阿Q正传》的创作意图:着眼于启蒙,写出中国人的人生,主要是广大受剥削压迫的劳动人民的苦难、悲惨而又愚昧落后的人生,希望改良这悲惨的人生,唤醒沉睡的民众。作者在这篇小说中,为疗救这样病态的社会、病态的国民而发出痛苦的呐喊。

"精神胜利法"

"精神胜利法",是阿Q精神的核心。可以解释为:对自己的失败命运与奴隶地位采取令人难以置信的辩护与粉饰态度。或者根本不承认自己落后与被奴役,沉醉于那种臆想的自尊中;或者向更弱者泄愤,在转嫁屈辱中得到满足;或者自轻自贱,甘居落后与被奴役。这些都失灵后,就自欺欺人,在自我幻觉中变现实真实的失败为精神上的虚幻的胜利。

阿Q的这种"精神胜利法"是半殖民地半封建社会的屈辱地位的产物,是中华民族觉醒与振兴的最严重的阻力之一,是鲁迅对我们民族的自我批判。"精神胜利法"是一种麻醉剂,它使得阿Q不能正视自己的现实处境,不能清醒地认识自己的悲惨命运,虽然受尽欺凌,却并无真正的不平。但尽管如此,阿Q作为一个劳动人民,还是表现出自发的革命要求。当辛亥革命爆发的消息传来时,他就想"投降革命党",希望从此能够改变自己的命运。不过他的"革命观"是与落后农民的私欲和许多糊涂观念联系着的,他并没有真正地觉醒。

阿Q的精神胜利法,概括了极其深广的社会历史内容,是普遍存在于中华民族各阶层的一种国民性的弱点。所以,阿Q又是一个"现代的我们国人的魂灵"。同时,由于人类各民族都程度不同地存在着类似的病态心理,因此,阿Q的精神胜利法也是对人类的一种普遍的精神弱点的形象概括。另一方面,通过阿Q这一典型新形象与革命的关系,深刻地总结了辛亥革命失败的历史教训,通过阿Q的悲惨结局,鲁迅深刻地揭示了辛亥革命的不彻底性,总结了辛亥革命没有发动和依靠农民而终于失败的历史教训,提出了农民问题在中国民族革命中的重要性。

■ 有关胡适的事儿

1917 年, 顾颉刚 24 岁, 傅斯年 21 岁。

这时, 他们还在北大读书, 住一个宿舍, 顾颉刚学哲学, 傅斯年学中文。

秋季的一天, 二人在宿舍里商量, 要不要把一个刚刚从美国留学回来、名字叫胡适的教授轰出北大。原因很简单, 以前的教授讲中国哲学皆从三皇五帝讲起, 讲了两年才讲到商朝。而新来的这个胡教授, 开板就从周宣王讲起, 生生地断了 "史 "的命脉, 这不是思想造反是什么?

顾颉刚说, 大家都想把他撵走, 自己一时也拿不定主意。

傅斯年问他感觉如何。

顾颉刚说, 他觉得胡先生的课还有些新意。

傅斯年说, 那就去听听。

傅斯年天分极高, 11 岁时就读完了十三经, 其中许多篇可以背诵。在北大读书的几年, 深得老师们的喜爱、同学们的敬慕。而且, 他的组织能力又强, 不久前, 刚把章太炎先生的学生采蓬仙赶下了讲台, 起因是傅斯年一夜之间在采先生的讲义中读出了三十几条错误。

顾颉刚要傅斯年去听课, 傅斯年当然不会拒绝。他虽然能 "闹事", 但绝对不是随便的出手。他在旁听了胡适的几堂课后, 非常认真地对那些要赶走胡适的同学们说: "这个人书虽读得不多, 但他走的这一条路是对的。你们不能闹。"

一句话, 把胡适保下来了。

胡适是大学问家,这不必说;傅斯年、顾颉刚亦是大学问家,他们年轻的时候真正是"意气风发"啊!

1924年春天,沈从文爱上了自己的女学生——中国公学的张兆和。张兆和单纯、活泼,既聪明,又率性;既漂亮,又可爱,而且,刚刚拿了中国公学体育比赛中的女子全能第一名,追求者趋之若鹜。沈从文便是其中之一。

沈从文给张兆和写情书,不管张兆和理会与否,只一味地写,几天的时间就写了13封之多。张兆和的二姐张充和看到这种情况,说:"我看这个人是疯了,你打算怎么办?"

张兆和不说话,只把沈从文的信编号:癞蛤蟆1号,癞蛤蟆2号……一直到13号,

沈从文追求张兆和,张兆和保持沉默。不久,校园里风言风语,说沈从文为情所困,想要自杀。张兆和无奈,抓了信出门,恨恨地疾走,到校长办公室去。

中国公学此时的校长就是胡适。

张兆和急得一脸赤红,换来的却是胡适的微笑。

胡适问她:"密斯张,有什么事同我商量?坐下来说。"

张兆和把沈从文的信递到胡适手里,气冲冲地说:"您看看,这个沈老师对我是这个样子。"

胡适拿起信翻看了几页,说:"他好像非常顽固地爱着你。"

张兆和马上回答:"可是,我是非常顽固地不爱他。"

胡适笑了:"你们俩是合肥人,我也是安徽人,我们是老乡。要不我跟你爸爸说,做个媒?"

听胡适如此说,张兆和大吃一惊——这个胡校长好像和沈从文是一伙的!她忙说:"不要,你千万不能去讲……"

胡适反问:"为什么你不喜欢他?我认为他是天才,中国小说家中最有希望的一个人。"

胡校长一直为沈从文说好话,张兆和不由得有些急:"可是,胡校长,我

并不爱他呀！"

胡适沉默一会儿，又说："那么这样好了，你们做一个朋友，普通朋友，可以吗？"

张兆和说："本来做个一般朋友挺好的，可是，沈老师和其他人不一样，做朋友他会一直误解下去，这样没完没了，我可真是要痛苦死了。"

胡适一拍大腿，一副恍然的样子，说："嗯，怎么说呢，社会上有这样的天才，人人都应该帮助他，因为天才难得，应该给他发展的机会。他崇拜你是崇拜到了极点……"

不等胡适说完，张兆和拔腿便走——这哪像校长讲的话？分明是替兄弟说媒！

杨振声是北大的名教授。

有一次，他收购了一幅名画，得意万分，便拿到办公室与季羡林观赏。画是金农画的，名为《金蝉脱壳》。季羡林熟悉金农的书法，看看画的题款，果然是金农体，觉得应是真品。

正值下课，教授们听后说杨振声得了好东西，都来凑热闹。大家围着画，七嘴八舌，有的说真，有的说假；有的说好，有的说坏。吵吵嚷嚷。恰在这时，胡适进来，听说有金农的画，毫不客气地挤入人群，只向桌上扫了一眼，突然一伸手，把画卷了，转身出门。

教授们见状，皆哈哈大笑，都说："校长拿走了。"

起初，杨振声也以为胡适在开玩笑，可是一连几天过去，并不见胡适还画，便有些着急，对季羡林说："那张画他为何拿走不还我？我是用太太的金镯子换来的。"

于是，季羡林去校长室替他打探。

谁知，季羡林刚一见到胡适，便眉开眼笑地说："杨教授让你来讨画的吧？"

见他这么说，季羡林笑了。

胡适翻动自己桌案上的东西，说："没有，我这里没有，你让他好好找一找,肯定能找到。"

季羡林心里明白,起身回到办公室,一把拉开杨振声永不上锁的抽屉,果见那幅画安安静静地躺在那里。

杨振声一见,大感诧异,猛抬头,只见胡适已在门口,脸上挂着极其顽皮的笑意……

逐梦箴言

大学者的小性情亦能体现其精神风貌。

知识链接

36 顶博士帽

胡适被称为"新文化运动的主将之一、中国自由主义的先驱"。经袁同礼考证,胡适共获得博士学位 36 个。

1927 年 3 月,37 岁的胡适由英国赴美国,向母校哥伦比亚大学补交了博士论文《中国古代哲学方法之进化史》(亚东书店版)100 册,完成了哲学博士学位手续,得到了第一顶博士帽。

胡适的第二顶博士帽,是 1935 年 1 月 5 日,香港大学授予他的法学名誉博士学位。

1936 年 8 月,哈佛大学授予胡适名誉文学博士学位。是为胡适的第三顶博士帽。

同年,美国南加州大学授予他名誉文学博士学位,是为胡适的第四顶博士帽。

其余的博士帽分别是:

1939 年,哥伦比亚大学的名誉法学博士(6 月 6 日);芝加哥大学的名誉法学博士(6 月 13 日)。

1940 年,美国 8 所大学分别授予胡适 8 个名誉法学博士学位,形成"博士高峰年":韦斯尔阳大学、杜克大学、克拉大学、卜隆大学、耶鲁大学、联合学院、柏令马学院、宾州大学。仅在三个星期内,这位博士疲于奔命,先后到这些大学出席典礼,发表演说。至此,他的博士帽有 14 项了,但胡适先生却说:"这些玩意儿,毫无用处……一个是四年苦功得来的,13 个是白送的。"

是年胡适 50 岁。他老家安徽绩溪为庆祝这位在海外为国效力的"博士爷"50 岁大寿,由县长朱亚云出面,制作了一块"持节宣威"横匾,率乡绅们,浩浩荡荡送到上庄村胡氏宗祠悬挂,并将上庄村改名为"胡适村"。

1941 年,胡适在美国被授予博士学位有 5 个,在加拿大被授有 2 个。前者全是名誉法学博士,分别为:加利福尼亚大学、森林湖学院、狄克森学院、佛蒙特州的密特勒雷大学、密达伯瑞学院;后者是麦吉尔大学(名誉文学博士)和多伦多大学(名誉法学博士)。

1942 年是胡适拿博士帽的第二个"高峰年",达 10 个之多,都是美国大学授予的。其中两个是名誉文学博士:达脱茅斯学院、纽约州立大学;其它 8 个是名誉法学博士,分别是:俄亥俄州州立大学、罗切斯特大学、奥白林学院、威斯康辛大学、妥尔陀大学、东北大学、普林斯顿大学、第纳逊大学。

至此,胡适已获得博士帽 31 项,而最后的 5 项是:美国柏克纳尔大学授予的名誉文学博士(1943 年),英国牛津大学授予的名誉法学博士(1945 年 11 月赴伦敦以中国首席代表身份出席联合国教科文组织会议),美国柯鲁开特大学授予的名誉文学博士(1949 年),美国克莱蒙研究所授予的名誉文学博士(1950 年),美国夏威夷大学授予的名誉人文学博士(1959 年)。

● 智慧心语 ●

好的教师是给学生传授真理，好的教师是使学生找寻真理。在第一种情况下，运动是由上而下进行的；在第二种情况下，运动是由下而上进行的。前者是学生由顶峰开始，努力走向基础；后者是从基础开始，学生站在基础上面，然后进到终点，升到顶峰。

——阿·第斯多惠

教育是约束和指导青少年，培养他们正当的理智。

——柏拉图

埋头苦干是第一，发白才知智叟呆。勤能补拙是良训，一分辛苦一分才。

——华罗庚

每个人最初所受教育的方向容易决定以后行为的性质，感召的力量是不小的。

——柏拉图

未出生比未受教育好，因为愚昧是灾患的根源。

——柏拉图

我的未来不是梦

第五章

师德无量

◎导读◎

　　"德高望重"可是个好词,它表明着人们对于某某人德行的认同,同时也是人们发自心底对德行的呼唤与期许。作为老师,为人师表,灵魂工程师,当然更要品行高尚、德才兼备,唯其如此,方能培养出同样德才俱佳的学生。师德无量,那么,就让我们从大处着眼、从小处实行,立志成为"德高望重"的"师表"吧!

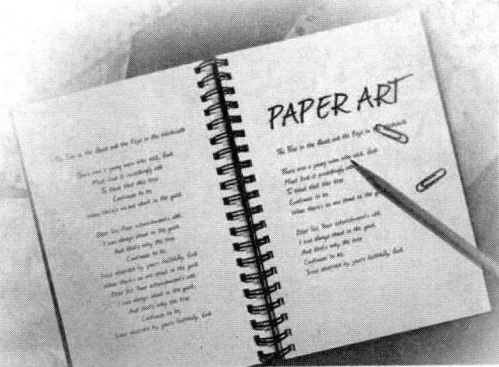

■ "748"背后的大功臣

周培源是享誉国内外的科学家,可谓学术泰斗。1978年,主管国家文教工作的国务院副总理邓小平提议,周培源被任命为北京大学校长。

这时,周培源76岁,已步入古稀之年。

上任以后,周培源对学校的教学机制、学科设置、教学质量和科学研究等等,开始进行全面的整顿和改革。对于工作中出现的问题,他善于解决,也很会解决。在周培源的勤奋工作和正确领导下,北大各方面的工作很快恢复了正常,蓬蓬勃勃地开展起来了。

作为北大校长的周培源,对科研工作竭尽全力地予以支持;对人才更是倍加爱惜,并尽其所能地为其寻找脱颖而出的机会。

1974年8月,国务院批准立项由王选提出的激光汉字编排系统的研制计划,这就是"748"工程。中国报刊业淘汰铅字印刷,而采用激光汉字编排系统,对中国印刷业来说是划时代的变革。王选是该系统的研制者。

虽然"748"工程早在1974年就由国务院批准立了项,但由于"四人帮"的阻挠,直到1976年这项工作仍没有大的进展。

打倒"四人帮"后,情况好一些,但研制这套系统需研场地,需要钱,费用高达2000多万,而且还有其他科研的问题,难度很大。王选当时是北大的讲师,在学校人微言轻,工程中出现的一些问题,他解决不了。

1977年5月,当时作为副校长的周培源了解到这一科研项目。他认为,这个项目的研制成功,其社会效益是巨大的。它的成功将使中国的印刷业发生根本性的变革。作为副校长,他不能漠视。于是他开始关心并竭力支持这一项目的研制工作。

"748"工程当时的研究条件很差:只有六七名科研人员,办公室也只有约20平方米,一些新买的科研设备没有地方放置,只能搁置在露天地里。作为项目负责人的王选看在眼里,急在心里。

为了解决他们的场地问题,周培源说服了有关方面,将北大旧图书馆的一层楼全部腾空,供他们使用。科研人员听到这一消息,高兴得几乎跳了起来。

10月,山东潍坊计算机厂参加了这个项目的协作,周培源又亲自接见了山东电子局的有关领导,鼓励双方搞合作,为国争光。

出任北大校长以后,周培源对"748"工程的研制更加用心了。

由于他的支持,项目进展很快,不久就研制出了样机。

正在这时,传来了一个非常不利的消息。

1979年初,英国蒙纳公司决定把它的激光照排系统上的汉字字模和中文排版软件输入中国。

为此,他们定于1979年夏天,在中国的北京和上海两大城市同时举办展览会。

蒙纳公司是当时世界上惟一生产西文激光照排机的公司,蒙纳系统的硬件先进可靠,而北大研制的系统才刚刚脱胎,还未调试。

中国这个市场要丢了,而更严重的是这个最早发明印刷术的国家要用洋人的机械来变革印刷业。

事关国家荣誉 周培源急了。

这年2月7日,他在北大召开了专门会议。

他要求有关各系领导都来参加,落实"748"工程的人员问题,对科研所需,当即定夺,一一落实。

这次会议,保证了"748"工程的科研人员抢在蒙纳举办展出前成功地研制出先进激光汉文编排样机。

样机研制成功了。

但国内有一大批人愣是怀疑自己,根本不相信国产系统能胜过进口设备。

此时此刻,"748"工程很需要领导和舆论的支持和理解。

周培源又不遗余力地做起了宣传工作。

近80岁高龄,顶着满头银发,他在各种场合不厌其顷地宣传"748"工程,为此还专门找了国家出版局的局长陈翰伯,要他帮助做工作。

1979年10月8日这天,英国蒙纳系统展览会举行开幕式,周培源应邀参加。

在开幕式上,中方主持人介绍了蒙纳系统,少不了许多溢美之词。

会议并没安排周培源发言,他却突然站起来,做了一个长长的讲话。

但他的讲话中,只字不提蒙纳系统,不提引进,大讲了一通北大研制的新系统,讲它如何如何的先进,要人们为了自己的祖国,支持它的发展。他的发言与会议主题大相径庭,但这次难得的机会,向出版界的人士介绍了北大研制的新机。

1980年9月,样机排出了第一本小册子《伍豪之剑》。他又找到当时的科委主任方毅同志,同他商量,能否以科委的名义呈送中央领导,方毅同志表示同意。小平同志看到后,欣然写下了"应加支持"的重要批示。

"748"工程成功了。

从此,中国人自己研制的激光照排系统不仅逐步占领了中国市场,把洋人挤了出去,而且开始走出国界,成为天之骄子。

正如周培源当初所预言的,它的诞生,使我国新闻、出版和印刷业发生了一场技术革命,从铅与火过渡到了电脑与激光的时代。

在我们这个最早诞生印刷术的国度,印刷术再次走在了世界的前面。在这一荣耀面前,一位白发老人——周培源功不可没。

在其位尽其力,才能无愧无悔。周培源那苍老却有活力的背影昭示着这一点。

知识链接

"748"工程的历史意义

"748"工程是我国印刷领域具有深远历史意义的研究项目,对中国印刷业的发展起到了巨大的推动作用。该项目在周恩来总理的亲切关怀下,于1974年8月由四机部(电子工业部)、一机部(机械工业部)、中国科学院、新华社、国家出版事业管理局(即后来的新闻出版总署)联合发起,国家计委批准设立的国家重点科技攻关项目"汉字信息处理系统工程",简称"748"工程。"748"工程成功的意义在于:一是它启动了中国印刷技术的第二次革命,走向计算机与激光时代;加速了汉字数字化、信息化、智能化的进程,为以后制作汉字字模库提供了依据。二是研制成几种汉字输入输出设备,成功地研究出一整套把汉字字形矢量化并复原点阵的快速算法和使文字变倍失真尽可能小的变倍算法以及字形信息压缩技术。三是研制成功几种用途的汉字处理系统,制成了精密型汉字印刷照排系统——华光系统和方正系统。四是研制成功微型机汉字操作系统、汉字数据库系统、汉字工具软件、汉字全文检索系统等,形成了汉字信息处理产业。五是研制成功自动生成复杂版式方法;基于页面描述语言的版面卫星远传。六是发展了桌面彩色出版系统,高性能彩色图像处理和排版软件收购,研制了多媒体出版的写作环境等。

■ 细节中的李叔同

李叔同任教于浙江一师的时候,刘质平是他的学生。刘质平的音乐才华深得他的喜爱,所以,他对刘质平也格外地关怀。

这一年冬天,杭州下了一场大雪,雪厚盈尺,路极难行。刘质平来找他,原因是自己写了一首曲,想请老师看看。李叔同看了曲子,没作任何评价,看了刘质平半天,说:"今晚八点三十分,请赴音乐教室外,有话讲。现在先回去吧。"

刘质平不知所措。

晚上,风雪弥漫,天地一白。刘质平冒雪出门,按时赶到音乐教室外。他站在廊檐下,等候先生的到来。十几分钟后,教室里的灯突然亮了,李叔同走了出来,他指着分针对刘质平说:"你可以回去了。"

刘质平怃然。先生在考察自己是否遵守时间。

刘质平的回答令李叔同满意。此后,二人虽名师生,情同父子。

李叔同教育学生,从不打骂,不责备,态度和蔼,谦恭有礼。丰子恺在《怀李叔同先生》中说,有个学生上音乐课时不唱歌,而是看杂书,有一个学生上音乐课时随地吐痰,以为先生看不见,其实先生都知道。下课了,他用很轻但很严肃的声音郑重地叫住学生,等别人都出去了,才说:"下次上课时不要看别的书。"或者"吐痰不要吐在地板上。"说完给学生微微一躬身,示意他可以回去了。学生大多脸红,下次也就改了。

李鸿梁是李叔同的学生,这个学生有点"顽皮"。

有一天，李鸿梁在木炭画教室看石膏模型前的说明卡，并不知道李先生在他的后面改画。他的出现挡住了李先生的视线，先生便提醒他说："走开。"由于专注，没太注意声调，似乎不怎么礼貌，让李鸿梁内心很不自在。

李鸿梁走回到自己的位置，赌气般地敲了一下画板。

不久，工友找到李鸿梁，拿给他一个条子，说："李先生请你去。"

李鸿梁立刻不自在起来，很为上午的事担心。他忐忑不安地来到李先生的房间，见他正与夏丏尊先生聊天，就尴尬地站在那里。李先生看见了他，马上起身，把他带到隔壁房间，轻轻说："你上午有点不舒服吗？下次不舒服请假好了！"说完，随手拉开门，"你走把，没有你的事。"

李鸿梁一溜烟跑回自修室，心里相当轻松。

他说："这时心里起了说不出的矛盾，一方面如同得了大赦似的放心，轻松愉快；同时心里又有一种惭愧的内疚……"

丰子恺在《怀李叔同先生》还说到一件事，足见李叔同的脾气。

有一次，在弹琴教室里，李先生正在范奏，不想，有一个学生放了一个哑屁，奇臭，大家都被这味道熏得受不了。李先生眉头一皱，仍在弹奏，直到臭气散了，才把眉头舒展开。下课了，李先生站起身，给学生们鞠躬。表示可以散了。待到同学们走到门口时，他郑重地说："等一等，我还有一句话。"看大家停下脚步，才用既和气又严肃的声音，轻轻强调："以后放屁，到门外去，不要放在室内。"

李叔同出家后，大家都称他弘一法师。他原本办事认真，出家后更是。他的学生丰子恺寄一卷宣纸给他，请他写字，写完了，宣纸还多出一些，他便写信问丰子恺余下的宣纸如何处置？又一次，丰子恺写信，附寄了回寄的邮票钱，其中多出几分钱，也被法师如数寄回。没办法，再写信时，就预先声明：余下的送予法师。

有一次，法师去丰子恺家。往藤椅里坐下时，先把椅子轻搓几下，然后才慢慢坐下去。开始时，丰子恺不解其意，如是几次，便问法师。法师说："这椅子藤条间怕有小虫伏着，突然坐下去，会把它们压死。先搓一搓，再慢慢坐，它们有时间走避。"

长亭外，古道边，

芳草碧连天。

晚风拂柳笛声残，

夕阳山外山。

天之涯，地之角，

知交半零落。

一觚浊酒尽余欢，

今宵别梦寒。

——唱一首法师在俗时的歌吧，代表一切的敬仰。

逐梦箴言

细节之处见精神。为师之道，亦可从细节入手。

知识链接

通才奇才李叔同

李叔同，又名李岸、李良，谱名文涛，幼名成蹊，学名广侯，字息霜，别号漱筒；祖籍浙江平湖，生于天津。中国话剧的开拓者之一，在音乐、书法、绘画和戏剧方面，都颇有造诣。从日本留学归国后，担任过教师、编辑之职，后剃度为僧，法名演音，号弘一，晚号晚晴老人。

李叔同是中国新文化运动的前驱，卓越的艺术家、教育家、思想家、革新家，是中国传统文化与佛教文化相结合的优秀代表，是中国近现代佛教史上最杰出的一位高僧，又是国际上声誉甚高的知名人士。李叔同是学术界公认的通才和奇才，他在音乐、美术、诗词、篆刻、金石、书法、教育、哲学、法学、汉字学、社会学、广告学、出版学、环境与动植物保护、人体断食实验诸方面均有创造性发展。李叔同集诗、词、书画、篆刻、音乐、戏剧、文学于一身，在多个领域，开中华灿烂文化艺术之先河。他把中国古代的书法艺术推向了极致。他是第一个向中国传播西方音乐的先驱者，所创作的《送别歌》，历经几十年传唱经久不衰，成为经典名曲。他还是中国第一个开创裸体写生的教师。李叔同也是中国话剧运动的先驱、中国话剧的奠基人。卓越的艺术造诣，使他先后培养出了名画家丰子恺、音乐家刘质平等一些文化名人。他苦心向佛，过午不食，精研律学，弘扬佛法，普渡众生出苦海，被佛门弟子奉为律宗第十一代世祖。他为世人留下了咀嚼不尽的精神财富，他的一生充满了传奇色彩，他是中国绚丽至极归于平淡的典型人物。太虚大师曾为赠偈：以教印心，以律严身，内外清净，菩提之因。赵朴初先生评价大师的一生为："深悲早现茶花女，胜愿终成苦行僧。无尽奇珍供世眼，一轮圆月耀天心。"

《送别》之外

长亭外，古道边，芳草碧连天。

晚风拂柳笛声残，夕阳山外山。

天之涯，地之角，知交半零落。

一瓢浊酒尽余欢，今宵别梦寒。

　　《送别》曲调取自约翰·p·奥德威作曲的美国歌曲《梦见家和母亲》。李叔同在日本留学时，日本歌词作家犬童球溪采用《梦见家和母亲》的旋律填写了一首名为《旅愁》的歌词。而李叔同作的《送别》，则取调于犬童球溪的《旅愁》。《送别》不涉教化，意蕴悠长，音乐与文学的结合堪称完美。歌词以长短句结构写成，语言精练，感情真挚，意境深邃。歌曲为单三部曲式结构，每个乐段由两个乐句构成。第一、三乐段完全相同，音乐起伏平缓，描绘了长亭、古道、夕阳、笛声等晚景，衬托出寂静冷落的气氛。第二乐段第一乐句与前形成鲜明对比，情绪变成激动，似为深沉的感叹。第二乐句略有变化地再现了第一乐段的第二乐句，恰当地表现了告别友人的离愁情绪。这些相近甚至重复的乐句在歌曲中并未给人以繁琐、絮叨的印象,反而加强了作品的完整性和统一性,赋予它一种特别的美感。"长亭外,古道边,芳草碧连天。晚风拂柳笛声残,夕阳山外山……"淡淡的笛音吹出了离愁,幽美的歌词写出了别绪,听来让人百感交集。首尾呼应,诗人的感悟:看破红尘。

这首广为传唱的歌曲就是李叔同的代表作,被誉为 20 世纪最优美的歌词之一。

关于《送别》,还有一段动人往事。弘一法师在俗时,"天涯五好友"中有位叫许幻园的。有年冬天,大雪纷飞,当时旧上海是一片凄凉,许幻园站在门外喊出李叔同和叶子小姐,说:"叔同兄,我家破产了,咱们后会有期。"说完,挥泪而别,连好友的家门也没进去。李叔同看着昔日好友远去的背影,在雪里站了整整一个小时,连叶子小姐多次的叫声,仿佛也没听见。随后,李叔同反身回到屋内,把门一关,让叶子小姐弹琴,他便含泪写下:"长亭外,古道边,芳草碧连天……问君此去几时来,来时莫徘徊"的传世佳作。

知识链接

李叔同

■ "好为人师"新凤霞

新凤霞这个名字,可谓家喻户晓。大家都能信口列出一长串她主演的剧目,可是,读者们知道她"好为人师"的故事吗?

新凤霞,上世纪 20 年代生于苏州,被人贩卖到天津。童年时期随"姐姐"杨金香学习京剧,13 岁时拜王仙舫、邓砚臣、张福堂等学习评剧,15 岁即开始担任主演。曾主演过《乌龙院》、《女侠红蝴蝶》、《可怜的秋香》、《双婚配》、《三笑点秋香》等剧。

新中国成立后,新凤霞走上了为社会主义服务、为广大人民群众服务的艺术道路。她亲自执笔创作演出了以她个人经历为题材的大型评剧现代戏《艺海深仇》,给观众留下了深刻的印象。而使她声名鹊起的,则是在全国产生重大影响的剧目《刘巧儿》。在这出戏中,新凤霞成功地塑造了刘巧儿的艺术形象,并创造了有其自己特点的唱腔。新凤霞的演唱艺术从此确立并得到广大评剧观众的喜爱。而推陈出新的传统评剧《花为媒》则是新派艺术的经典之作。新凤霞以纯熟的演唱技巧,细致入微的人物刻画,塑造了青春美丽富有个性的少女——张五可的艺术形象,从而将新派艺术推向了高峰。评剧新派艺术得到了空前的发扬与传播。

新凤霞取得了令人瞩目的艺术成就,经过长期的艺术实践,终于使得新派艺术在众多的评剧流派中标新立异、独树一帜,成为评剧革新的代表。此后,新派艺术不断发扬光大,获得广泛的认同、喜爱。

不幸的是,这位优秀的人民艺术家,在"十年浩劫"中却受到了迫害,并被剥夺了做演员的权利,这对她的身心都是巨大的摧残。1975 年,她因脑血栓发病导致偏瘫,不得不告别为之奋斗的评剧舞台。1979 年,新凤霞得到了彻底的平反。

十一届三中全会以后,她又以惊人的毅力,又一次向新的艺术领域开拓进取。她讲学授艺,著书立说,教学不止,笔耕不辍。新凤霞经常坐在轮椅上给她的弟子、学生说戏,示范演唱,克服行动的不便多次到剧场观看学生的演出,以鼓励和提携后人。

一次,新凤霞偶然听到评剧新秀李丽的《乾坤带》录音,她兴奋之情溢于言表,当即决定收她为徒。1987 年 5 月,李丽正式拜师,成为新凤霞的弟子。新凤霞决定毫无保留地将平生所学所得传授给她。不在同一地域,新凤霞就通过书信予以指导;虽然行动多有不便,但有一次,新凤霞居然亲自到汉沽指点李丽演出。李丽也时常去北京,住在老师家里,跟着老师学习。新凤霞在生活上十分疼爱这个徒弟,但在艺术上要求非常严格,一大早天还没亮就敲门叫她起床练功。新凤霞手把手地教李丽学习《乞丐与千金》《乾坤带》《花为媒》《刘巧儿》等新派名剧。李丽对恩师的点滴教导一直铭记于心。

1989 年,正值辉煌时期的李丽为尽孝道突然离开了评剧舞台,然而她对评剧的热爱之情有增无减。2004 年,李丽回归舞台后,又为评剧新派填补了一出新戏《御河桥》,这是她一定要做并且一定要做好的事,因为,以新派戏路整理演出《御河桥》,正是新凤霞生前的遗愿啊。

也是 1989 年,袁玲代表即墨柳腔进京演出时,恰巧观众席中就有新凤霞。原来,新凤霞又在物色自己可以放心教授平生所学的徒弟!

因患感冒,第二天袁玲没有上台。当天晚上,袁玲当时的老师就来找她,说是新凤霞见她未上台演出特意打电话来询问,同时也转达了新凤霞要收她为徒的意向。这一喜讯来得太突然了!惊喜过后,老师领着她,去新凤霞住处正式拜师。从此,新凤霞开始精心授艺,加上袁玲好学上进的劲头,可谓尽得真传。时至今日,新凤霞教授自己的情景仍历历在目,不时闪现在梦中。

许多时候,新凤霞就是以类似的方式寻找人才、发现人才,在身体多有不便的情况下,尽心竭力地教导,耐心细心地传授艺术。

在新凤霞无私的教诲下,谷文月、王曼玲等一大批弟子、学生脱颖而出,成为光大新派艺术的优秀传人。新凤霞桃李满天下,成了我国戏曲界拥有众多子弟传人的功绩卓越的戏曲教育家。

读完新凤霞类似的故事,你会感到她"求贤若渴"的迫切心情,甚至会让你产生此人好为人师的印象。新凤霞真的好为人师吗?非也,那是她深爱艺术,因而在内心深处担心自己的技艺失传;同时,也希望一些好的艺术苗子得到培育,少走弯路,从而茁壮成长的良苦用心的真实体现!

有机会,听听那些新凤霞精心演绎的剧目吧!当你了解了她的故事,你会听到、听懂那流淌在剧目中的"弦外之音"……

逐梦箴言

当你将"传道、授业"当成使命、责任、义务时,你就不会计较得失、在意付出。这或许也是一种为师的境界吧?

知识链接

家喻户晓《刘巧儿》

《刘巧儿》,著名评剧作品。作者王雁。据1943年袁静剧本《刘巧告状》和说书演员韩起祥的说唱《刘巧团圆》改编。描写了陕甘宁边区农村少女刘巧儿,自小由父亲做主与邻村青年赵柱儿订亲,后其父贪图财礼,唆使巧儿退婚,嫁给财主王寿昌。巧儿不允,遂自作主张与柱儿订亲。刘父到县政府告状,地区马专员用群众断案的方式解决了这宗案件,使巧儿的婚姻如愿以偿。这是一件发生在 40 年代延安抗日根据地的真人真事,在群众中甚有影响。全剧反映了青年男女对自由婚姻的大胆追求。刘巧儿形象突出,性格开朗奔放,清新可爱。

假巧儿,真原型

刘巧儿的原型叫封芝琴,1924 年农历四月十五,出生在甘肃省华池县城壕乡转嘴子村樊坪庄,乳名捧儿。

幼时,捧儿便被父亲许给张家柏儿为妻。随着年龄渐长,两人经常往来,互生爱慕之意。但是,因张家贫穷,捧儿先后又被父亲另许给高家、另一户张家及朱家,但都遭到捧儿拒绝。

眼看封父不断为捧儿张罗婆家,张柏儿家担心夜长梦多,便集合族人夜闯封家,抢回捧儿,为两人完婚。封父到县政府状告张家"抢劫民女",县司法处未作深入调查,即宣布婚姻无效。多变的婚事,并未让捧儿失去主意。在陕甘宁边区新生活的感召下,捧儿徒步上百里路,到庆阳专署驻地庆阳城状告"父母之命、媒妁之言"对她婚姻的干涉和县抗日民主政府断案不公,争取婚姻自主的权利。

时任陇东分区专员兼陕甘宁边区高等法院陇东分庭庭长的马锡五(解放后曾任最高人民法院副院长),采取调查、调解与审判相结合的方式,协同县政府召开群众大会,进行公开宣判,纠正了华池县抗日民主政府的错误判决,使这对有情人终成眷属,"马锡五审判方式"也由此诞生。

这起争取婚姻自主的民事案件不仅让周围的百姓们刮目相看,而且轰动了陕甘宁边区,成为 20 世纪中国八大名案之一。当时,延安《解放日报》、重庆《新华日报》、《陇东报》等接连对此进行报道;随之,著名艺人韩起祥将之编成陕北快书《刘巧团圆》、陇东中学教员袁静创作了秦腔剧《刘巧儿告状》在边区广为传播;解放后,中国评剧院又将其编为评剧《刘巧儿》,由著名演员新凤霞主演,随后又被长春电影制片厂搬上银幕,使"刘巧儿"的故事传遍全国,甚至还推动了第一部《婚姻法》的宣传普及。

自此,捧儿便有了一个妇孺皆知的大名——"刘巧儿",她的故事更是家喻户晓。"刘巧儿"成了新中国巾帼楷模、妇女解放的象征。

我的未来不是梦

● **智慧心语** ●

教育技巧的全部诀窍就在于抓住儿童的这种上进心,这种道德上的自勉。要是儿童自己不求上进,不知自勉,任何教育者就都不能在他的身上培养出好的品质。可是只有在教师首先看到儿童优点的那些地方,儿童才会产生上进心。

——苏霍姆林斯基

当人的世界观统帅着他的思维、感觉、意志、活动等一切精神生活领域时,知识就变成了起作用的东西。在创造性劳动中培养思维,这是教学技巧的重要表现,凭借这种技巧,教养使人变得聪明起来。

——苏霍姆林斯基

教育的伟大目标不只是装饰而是训练心灵,使具备有用的能力,而非填塞前人经验的累积。

——爱德华兹

教育上的错误比别的错误更不可轻犯。教育上的错误正和错配了药一样,第一次弄错了,决不能借第二次、第三次去补救,它们的影响是终身洗刷不掉的。

——洛克

第六章

师恩浩荡

海伦·凯勒

◦导读◦

　　好的老师甚至能改变你的人生。这样的例子不胜枚举、俯拾皆是。老师，以他们的学问、见识、精神、品格，以他们独具的慧眼发现我们的所长，影响、激励、引导着我们向更高、更远、更佳的境界迈进，从而让我们的人生更加美好。那浩荡的师恩啊，分明是他们最无私的奉献。

■ 点亮那盏心灯

　　她于 1880 年 6 月 27 日出生在美国阿拉巴马州的塔斯比亚城。19 个月大的时候,病魔向她伸出了罪恶的手,将一种叫做"急性脑充血"的病症强行塞给了她,同时毫不留情地夺走了她的听觉和视觉以及说话的权利。就这样,一个原本健康的生命从此只能滑稽而又荒诞地被冠以"残障"二字,在无声和黑暗陪伴下苦度光阴。然而,天赋的顽强却使她仍然努力地保持着和外界的联系,渐渐地,她习惯于运用自己稚嫩的手指和家庭成员交流。然而,随着年岁的增长,这样的交流已不能满足她,于是,她的脾气开始变得暴躁。看到她不时发怒的样子,家人无可奈何而又忧心如焚。转眼,她都 6 岁了,应该接受教育了,可是,很显然,她的"不正常"状态已不能让她与那些"正常"的孩子为伍。没办法,爱她的父母只得为她请家庭教师。在家庭医生帮助下,她的父母邀请到了柏金斯盲人学校的一位女老师。

　　这个小女孩果然不驯顺,老师刚刚到来,她就给老师来了个下马威。她做的第一件事不是对老师的到来表示欢迎,而是将老师带来的手提箱里所有的东西都一一掏出来。老师试图收回手提箱,可是这一举动马上惹恼了小女孩,她针对老师做的第二个动作就是很生气地去抢夺老师的手提箱。要不是小女孩的父亲及时制止,两人就都滚到地上了。在老师眼里,她活像一只掉进水里的小猫:棕色的头发散乱着,上好的衣服弄得很脏,虽说举止粗暴无礼,可是短暂的吃惊过后,老师还是做好了全力以赴教导她的打算。从此,她开始了对这个小女孩长达数十年的陪伴、教导。

老师很有爱心,也有足够的耐心。她首先了解了小女孩之所以有副坏脾气,是因为父母不忍看她做了打人、不守规矩、破坏东西等错事而被惩罚的模样,处理不当所致,所以老师开始对症下药,纠正小女孩的不良行为和不当做法,并且逐步与她建立互信的关系。很快,老师的爱心与耐心就有了回报:她们认识没有几天就相处融洽,打成一片了。老师也注意到了,她的出现让小女孩有了收敛自己不佳举动的做法,她的性格也温和起来。

接下来,为便于小女孩跟别人沟通,老师开始教她手语。这方面有进展后,老师又教导她一些生字的意思。一天,老师在她的手心上写了"water"这个词,小女孩总是把"杯"和"水"混为一谈。到后来,她不耐烦了,甚至把老师给她的新洋娃娃摔坏了。但老师并没有就此放弃,带着小女孩走到喷水池边,让她把小手放在喷水孔下,让清凉的泉水溅溢在小女孩的手上。随后,老师又在她的手心上写下"water"这个字,从此小女孩就牢牢记住了它。就这样,随着时间的推移,小女孩掌握了越来越多的字、词。再后来,老师又开始循序渐进地教导她用手指点字以及基本的生活礼仪。期间老师的艰苦付出自不待言、可想而知。

老师的努力有了成效,可她仍希望小女孩再接再厉。老师认为,光是懂得认字而说不出话来,仍然不方便沟通。可是,对于从小又聋又失明这个小女孩来说,要达到这一点谈何容易? 可是,就像以前一样,老师相信自己,相信她的学生有能力突破这一难关。

为了克服这个困难,老师替小女孩找来一位专家,教导她利用双手去感受别人说话时嘴型的变化,以及鼻腔吸气、吐气的不同,来学习发音。这是一件非常不容易的事。然而她的老师早已把她培养成了知难而上的挑战者。为了不让老师失望,也为了让自己实现张口说话的美梦,小女孩不得不反复练习发音,有时为发一个音一练就是几个小时。可是她始终没有退缩,经过刻苦努力,她终于可以流利地说出"爸爸""妈妈""妹妹"了,最终,她的语言功能得到了恢复。

在老师的悉心教导下,在师生共同打拼下,一个又一个奇迹在她们身上出现。曾经只能与残疾相守终生的小女孩变得无比自信,更加积极上进了。跟随老师学习三个月后,她就开始尝试用稚嫩的文字表达自己的感受,写出了有生以来的第一封信。从1902年4月开始,她又在老师的帮助下,开始在美国的一家杂志上连载她的自传,第二年结集出版后轰动了美国文坛,甚至被誉为1902年世界文学上最重要的两大贡献之一。

后来,她还以优异的成绩毕业于美国拉德克利夫学院,成为一个学识渊博,掌握英、法、德、拉丁、希腊五种文字的著名作家和教育家。她走遍美国和世界各地,为盲人学校募集资金,把自己的一生献给了盲人福利和教育事业。四处为残障人士演讲,鼓励他们肯定自己,立志做一个残而不废的人。她的这份爱心,不但给予残障人士十足的信心,更激起各国人士正视残障福利,纷纷设立服务机构,辅助他们健康快乐地过生活。老师把最珍贵的爱给了她,她又把爱传递给所有不幸的人,带给他们希望。她赢得了世界各国人民的赞扬,并得到许多国家政府的嘉奖。

1968年,这位极富传奇色彩的女士走完了她88年坎坷而又辉煌的一生。在她死后,因为她坚强的意志和卓越的贡献感动了全世界,各地人民都开展了纪念她的活动。有人评价她是人类的骄傲,马克·吐温更把她列为19世纪出现的两个了不起的人之一,而另一个,是拿破仑。

……

这个故事不用再讲下去了。你知道的,这个从黑暗中走来的奇女子,就是大名鼎鼎的海伦·凯勒,而她的老师,就是约翰娜安妮·曼斯菲尔德·莎莉文·麦西,即广为人知的沙莉文,一个堪称"伟大"的老师。她与海伦朝夕相伴,用爱心和智慧点亮了海伦·凯勒的心灯,引导她走出无尽的黑暗和孤寂。海伦一生创造的奇迹,无不与这位杰出的聋哑儿童教育家密不可分。难怪海伦会在她的名作《假如给我三天光明》一文中深情地抒发她对莎莉文老师的爱:"假如给我三天光明,我第一眼想看的就是我亲爱的老师。"

这,彰显了多么真挚的渴望啊!

逐梦箴言

　　名人奋斗故事具有强大的激励作用，它能提振我们的勇气、信心。重温海伦·凯勒的故事，我们的心底会激荡起壮志雄心，同时，我们也会想起我们各自的老师，从而唤醒我们的感恩之心，面对人生，更加卖力地去求索、进取。

知识链接

《假如给我三天光明》

　　《假如给我三天光明》是海伦·凯勒的散文代表作。她以一个身残志坚的柔弱女子的视角，告诫身体健全的人们应珍惜生命，珍惜造物主赐予的一切。此外，本书中收录的《我的人生故事》是海伦·凯勒的自传性作品，被誉为"世界文学史上无与伦比的杰作"。

　　《假如给我三天光明》主要写了海伦变成盲聋哑人后的生活。刚开始的海伦对于生活是失望的，用消极的思想去面对生活，情绪非常的暴躁，常常发脾气，她感觉现实生活中没有了希望，她是多么期待能重新得到光明。父母帮海伦找到了一位老师——安妮·莎莉文，这位老师成了海伦新生活的引导者，使海伦对生活重新有了希望、有了向往。在莎莉文老师耐心的指导下，海伦学会了阅读，认识了许多的字，也让她感受到了身边无处不在的爱。随着时间的推移，海伦在老师和亲人的陪伴下，体会到了许多"新鲜"事物，和家人一起过圣诞节、拥抱海洋、"欣赏"四季……海伦渐渐长大了，在她的求学生涯中，遇到了许多的困难，但同时她也结识了许多的朋友……海伦在学习中，由于她的不屈不挠的精神，她学会了说话，写作。虽然在这过程中海伦遇到了一些不开心的事情，但她并没有放弃。终于，她的努力得到了回报，用自己的汗水实现了大学梦想，进入了哈佛大学。因为生理有缺陷，所以繁重的功课使她非常吃力,在老师的帮助和她的努力下,最终她以优异的成绩大学毕业,还掌握了英、法、德、拉丁和希腊五种文字。但大学毕业后她却遇到了悲伤的事——慈母的去世。书中还介绍后来海伦在生活中遇到的一些伟人,同时也介绍她体会不同的丰富多彩的生活以及她的慈善活动。

好评如斯

海伦·凯勒是一个让我们自豪与羞愧的名字,她应该得到永世流传,以对我们的生命给予最必要的提醒。

——梅特林克夫人

1902 年文学史上最重要的两大贡献是吉卜林的《基姆》和海伦·凯勒的《我的人生故事》。

——美国著名作家海尔博士

19 世纪有两个奇人,一个是拿破仑,一个就是海伦·凯勒。拿破仑试图用武力征服世界,他失败了;海伦·凯勒试图用笔征服世界,她成功了。

——马克·吐温

海伦·凯勒的身体不是自由的,但她的心灵却是无比自由的。

——查理·卓别林

任何困难都不可能锁住一颗向往伟大的心灵。

——戴尔·卡耐基

海伦·凯勒被评为 20 世纪美国的十大偶像之一是当之无愧的,这本书《假如给我三天光明》是伟大的经历和平凡的故事完美的结合。海伦·凯勒堪称人类意志力的伟大偶像。

——美国《时代周刊》

■ "名师"悲鸿

作为宗师级大画家,徐悲鸿享誉海内外;酷爱画奔马的他,还是一位能够慧眼识"马"的"伯乐",同样佳话频传。

徐悲鸿爱才心切。

一次,徐悲鸿到一所学校去讲演。结束之后,他要做的第一件事不是去应邀赴宴,而是去观看学生的绘画作业。在这一过程中,一幅石膏人头习作让他"叹为观止",他非要"见识"一下这位有才气的学生不可。可是,这位学生刚入学不久,本是无足轻重之辈,就这,足以让在场的一些老师不以为然。徐悲鸿注意到他们的态度,仍然坚持。

那位学生被找来了,他给徐悲鸿敬了个礼后,便怯生生地退后一步站着。徐悲鸿笑着询问了他的个人情况,热情鼓励他说:"你在艺术上颇有天赋,目前需要在基本功上下工夫,着重注意明暗交界线、半调子和结构部位的刻画。"

面对这位和颜悦色的师长,那位学生也不太拘束了,他本想多提问题,请教徐先生,可是,他知道不便多说,只好拣紧要的问了几句,徐悲鸿极其认真地作了解答。末了,徐悲鸿殷切地希望他多观察,多思索,多练习,要树雄心,成为一名真正的爱国画家。然后从口袋里掏出一张名片,交给他说:"我很乐意同你交个朋友,继续谈谈。倘若你愿意的话,可以照着上面的地址,星期日上午到我家里来,我等着你。"

一位大画家居然如此热心,这太出人意料了!面对仰慕已久的大画家,那位学生连忙用双手接过名片，激动得说不出一句话来，只是一个劲儿地点头。他暗下决心：一定要循着徐悲鸿先生走过的道路，刻苦砥砺自己，为祖国的绘画事业作出贡献……

星期日，那位学生如约前往。

徐悲鸿放下手头事务，热情接待了他。

徐悲鸿把自己珍藏的中外名作、画片资料，拿出来让他观摩，并一一加以介绍，使他大开眼界，惊叹不已。徐悲鸿说："画家要'虚己心，察万变之象'，'先深知造化而后方能使役造化'，这样才能使自己的作品不至于距离生活太远。"

不久，上海艺大部分学生转到了徐悲鸿任主任的南国艺术学院美术系。从此，这位学生得以经常听到徐悲鸿的教诲。

一段时间过后，限于形势，徐悲鸿已经不便再来"南国"教学，要改到别处任教，但他一定要培养一批搞写实主义、为劳苦大众所喜爱的学生的信念犹在。他想带走那位学生，并且告诉他已和田汉先生商量过了。

那位学生若有所失地搓着手，愣了片刻才说："徐先生，我是极想跟您走的，可是，南京我也没个亲戚朋友，吃住……"徐悲鸿忙说："这些问题我替你想过了，只要你有志于学画，学费、住宿费你都可以不管。到南京，你同我的学生王临乙住一起，有人查问，你就说是徐悲鸿带来的旁听生，让他们找我。"那位学生感动不已，应下了。

就这样，在徐悲鸿的关照、影响、引导下，日后，那位学生也成了一代大师，他叫周作人。

这是 1946 年 10 月下旬的事。

某天，身为校长的徐悲鸿正在批阅学生的素描作业。一位头发蓬乱、衣衫补丁缀补丁的外乡人找上门来。来人叫韦江凡，徐悲鸿注意到他带来了一幅画。徐悲鸿不知道他的来意，但是他知道来人必有难处才会找他。

一番充满关切意味的闲聊后，徐悲鸿要求看那幅画。

那是一幅"难民图"，生动、真切，显示着作者扎实的功力。

徐悲鸿被画面上的情景感动了，他深思了片刻，突然问道："我收你上艺专,愿意吗?"

"愿意!"韦江凡有些喜出望外,"太感谢徐先生了,我从西安投奔您来,做梦也想着跟您学画哩!"

"艺专只要有我在,校门就会向你们永远敞开!"接着徐表鸿又问起这些画的创作过程。得知韦江凡眼下的处境后,徐悲鸿想了一下,说:"你会刻蜡版吗?"韦江凡点了点头。"这就好办了。"他领着韦江凡,拉开文印科的门,对一位女职员说:"我给你找了个刻蜡版的,每月工薪 2 万元(法币)。他白天要上课,课余什么时间刻由他自己安排。"韦江凡听着徐悲鸿细致周到的安排,眼睛湿润了……

韦江凡学习刻苦,思想进步,颇得徐悲鸿的赏识,但背景复杂的学校训导处教师却对他百般刁难。一天训导处教师把韦江凡叫去威胁说:"我们要查查你有没有高中毕业文凭,明天就拿来,否则就开除你的学籍!"

连初中都未念完的韦江凡,哪里有高中文凭。徐悲鸿闻知,对韦江凡说:"明天一早你去训导处,理直气壮地告诉他们,我跟徐先生学画多年,想要文凭就找徐悲鸿要去!"

"我不敢说谎!"淳朴憨厚的韦江凡说。

"怕什么,"徐悲鸿说,"对待那些被派来监视我和进步师生、为当局看家护院的家伙,绝不能客气!只要有我徐悲鸿在北平艺专,他们就休想赶走一个学生!"

徐悲鸿护才之心由此可见一斑。

徐悲鸿还是个"惜才如命"的人。

那是 1947 年 7 月 21 日。徐悲鸿拿着一张盈尺奔马,如获至宝地对妻子说:"静文,快看,这小学生画的马多有趣,虽说有些毛病,却显露出才华。"他取笔在画图一侧写了几个醒目的大字:"美丽之远景"。接着,他又在一张张素描纸上,画上连环画似的马的各个部位的图解,说明如何起笔和收笔。他把原稿及图解叠好,放进一个大信封,然后又铺开纸写起来:

"勃舒小弟:你的来信及作品使我感动。我的学生很多,今又在千里外得一颖异之小学生,真喜出望外。学画最好以'造化为师',故写马必以马为师，画鸡必以鸡为师。细察其状貌动作神态，务扼其要，不尚琐细(如细写羽毛等末节)。最简单的学法是用铅笔或炭条对镜自写，务极神似。因写像最难。此须在幼年发挥本能。其余一切，自可迎刃而解……"

徐悲鸿还嘱咐这位勃舒小弟勿自喜渺小成功，当多画真马，要他学好初中课程，三年后可来北平投考北平艺专……此后三年，他俩书信往来，虽不曾谋面，却已神交甚深。

三年后，刘勃舒来见徐悲鸿。徐悲鸿把他安顿在自己家里住下，要家人关心他的生活，辅导他学文化课。自己还抽时间领他到郊外写生，告诉他："一切绘画题材都取之于生活，所以，要下苦功到实际生活中去写生，写生是绘画的基础。"徐悲鸿循循善诱，使刘勃舒受益匪浅，这一年，他以令人满意的成绩被录取了。

一个15岁的少年，被破格录取为中央美术学院国画系的学生，知道此事的人大加称赞，徐悲鸿一家则更为高兴。

徐悲鸿帮刘勃舒换上新衣服，送他上学，叮嘱说："从今天起，你就是新中国的大学生了，我们等着你星期天回来改善伙食……需要添东西，尽管和我说，你父母日子不宽裕，不要向他们要钱。"

此后，刘勃舒常于星期日到徐家来，有时还约他的好朋友蔡亮一道来。他们和徐悲鸿谈画、谈诗、谈人生，即便闲聊，也常有意外的收获，无不受益匪浅。

徐悲鸿还常常为刘勃舒、蔡亮动笔修改素描画，一些素描画经他一修改，立即增添了神采，变成了艺术作品。

刘勃舒不负师教，茁壮成长，终于成为名家。

徐悲鸿一生从事绘画，致力于美术教育事业，发掘、培养优秀的美术人才，在绘画领域他是当之无愧的大师，在美术教育方面，他也是良师。他忘我无私、全力以赴培养绘画人才的精神不仅值得当事人，也完全让我们铭记、学习！

徐悲鸿说过："每一个人的一生都应当给后代留下一些高尚有益的东西。"他真的做到了，并且做得极好。

好的老师自己做得好，他也会帮助他的学生做好该做的事。徐悲鸿是位不凡的大画家，他也带出了很多优秀的弟子。发挥了他作为老师的作用，实现自己这一心愿的同时，他也帮助他的学生偿圆了一个又一个的梦。这，正是他的伟大之处。

知识链接

徐悲鸿画作的艺术特色和成就

徐悲鸿凭借着他的天才智慧、坚毅的精神和毕生的努力，成为近现代中国画坛上少有的能够全面掌握东西方绘画技法的艺术大师。徐悲鸿的作品熔古今中外技法于一炉，显示了极高的艺术技巧和广博的艺术修养，是古为今用、洋为中用的典范，在我国美术史上起到了承前启后、继往开来的巨大作用。

徐悲鸿的作品，无论是油画、国画还是素描，在中国近现代艺术史上都占有重要地位。他在油画方面最大的成就是使印象主义的光与色的表现与古典主义严格而完美的造型相结合。在早期中国油画家中，杰出者首推徐悲鸿。在素描方面，徐悲鸿成绩卓著。他的素描既是绘画训练的习作，为他的国画和油画创作打下了深厚的基础，同时又是具有欣赏和研究价值的艺术品。其一生中，仅画人体素描就不止千幅。徐悲鸿在国画方面的造诣也很深厚。他是国画创新的艺术实践者，在继承传统绘画的基础上第一个把欧洲古典现实主义的技法融入到国画创作中，创制了富有时代感的新国画。以人们熟知的画家的马画为例，从这类作品中既能欣赏到中国传统绘画中的线条造型和笔墨之美，又能观察到物象局部的体面造型和光影明暗。

徐悲鸿擅长中国画、油画和素描，在创作上他以"师法造化，寻求真理"为原则，作品多取材现实生活，或借古喻今，寄托爱国主义和人道主义的情怀，如《田横五百士》《九方皋》《溪我后》《愚公移山》等。他长于画马和狮、牛、猫、鹰、雀等各种动物,生动传神,各有寓意。在抗日战争期间,以风雨鸡鸣和跃起的雄狮、奔腾的马,表达对中华民族觉醒奋起的热望。在创作理论上,徐悲鸿主张改良中国画。他注重素描的严格训练,提倡师法造化,反对因循守旧。

《九方皋》节选——徐悲鸿

■ 大爱藏于平凡

2011年10月底,《墨脱情》的创作者们接到了从韩国打来的电话。该片以朴实的画面、动人的情节,一举夺得了釜山国际电影节大奖。消息传来,大家莫不兴奋异常,每个人的第一感觉都是"快打电话",把这个消息告诉给陈国琴和苟建林,让他们和墨脱中学的孩子们,和他们一起分享这份幸福和快乐。

陈国琴和苟建林是谁?

墨脱中学又是怎么一回事?

这件事得从2002年说起。2002年9月,新生入学的日子,在西藏民族学院的军训团,陈国琴和苟建林相识了。大学四年,苟建林一直态度明朗地追求陈国琴,但是陈国琴的态度一直是模棱两可。

一眨眼毕业了,陈国琴被分配到西藏墨脱中学任教,苟建林却在四川成都找到了中学里的一份工作。他求陈国琴留下来,但是陈国琴拒绝了。

陈国琴答应他,可以和他保持通信联系。

她并不知道,墨脱是中国唯一一个不通公路的县,进进出出都要步行,一年有半年时间道路被雪封,根本无法通邮。在那里,能和外界保持联络的,只有一部电话机。打电话需要县委书记和县长批条,批了条子也得等半个月。

墨脱的条件太艰苦了。

但是,陈国琴还是来到了这里。

　　到后不久,学校放假,陈国琴突然想去一趟成都。在学校时,苟建林追求自己她的内心也有些许的甜蜜,同时也有一点小小的矜持。她不确定自己是否爱苟建林。这也是她一直不敢正面回应他的原因。可是,分开之后,她突然意识到,自己是那么思念他。

　　她要去成都,不想,走到半途,山体塌方,无法通行。等待的日子里,受气候的影响,陈国琴又病倒了,发烧、头痛、呼吸困难,要不是修路人得知她是墨脱中学的老师,把她抬回墨脱,她的性命也许就留在这大山里了。几周之后,费尽周折的陈国琴终于来到成都,她还没有见到苟建林的面,就又一次病倒在医院里。

　　苟建林闻讯赶来,心疼不已地说:"留下来吧,别回去了。"

　　但陈国琴只是轻轻地摇了摇头。

　　她离开墨脱之前,去县政府打电话,校长犹犹豫豫地问她,是不是给男朋友打电话? 她羞涩地点点头。校长叹了一口气说:"孩子们都习惯了。以前分配来的大学生,待一段日子就都走了,孩了们的心都凉了。"停顿了一下,又说,"真希望你能留下来……"

　　听了校长的话,陈国琴的鼻子一阵发酸。

　　她问苟建林:"你说,我能留下来吗?"

　　在成都住了三天院,陈国琴要回去了,苟建林突然一把拽住她,说:"你不留下来,我就和你一起去,我也去墨脱。"

　　"真的?"

　　"真的,我想好了。"

　　陈国琴直到这时才知道,苟建林对她的爱是如此坚定!

　　苟建林和陈国琴一起回到了墨脱,校长高兴得不知说什么好。他拉着苟建林的手,脸上尽是开心的笑容。最高兴的要数孩子们了,陈老师的男朋友都来了,她一定不会走了! 他们欢呼着,雀跃着,用最快的速度把这份喜悦传遍了墨脱的每一个角落。

　　学校分给他们一间稍大的宿舍。

　　苟建林环视了一下房间,说:"干脆,我们结婚吧!"

陈国琴看了看他,羞涩地点点头。

就这样,小两口在墨脱成了家。他们全身心地和学校和孩子们融合在了一起。他们的工资除了维持日常生活开支外,还要帮助那些贫困的学生们,日子虽说不富裕,却也开心快乐。他们负责学校的六门课程,常常是下了这节课就上那节课,每天都十分辛苦,但他们的脸始终挂着美丽的微笑。

一批一批的学生毕业了,墨脱也在发生着变化,互联网通了,和外界的联系方便多了。2011年6月,墨脱中学的孩子们第一次参加高考,有29名学生考上了大学。接到录取通知书时,孩子和家长的心里像喝了蜜水一样甜,陈国琴和苟建林的微笑更加灿烂,像高原上的格桑花儿一样……

2011年7月,西北大学地质学院的采坤显教授、电影学院导演系研究生关兵组织的探险队来到墨脱,他们意外之中知道了陈国琴和苟建林的故事,就给他们拍了一部40分钟的纪录片。片子拍好后,恰逢韩国釜山国际电影节中韩大学生影展,关兵便寄去了自己的作品。

于是,便有了这个故事开头的一幕……

逐梦箴言

"支教"是个特殊的词儿。在这个词背后,隐藏着好多从事支教工作的老师们的艰辛与泪水。他们甘于奉献,所以虽然艰辛,也能以苦为乐;虽然垂泪,但那也不意味着伤悲与退缩。记住那些动人的支教故事,你会想到很多很多,你会收获很多很多。

● **智慧心语** ●

教育的根是苦的，但其果实是甜的。

——亚里士多德

吾爱我师，吾更爱真理。

——亚里士多德

三人行，必有我师焉。择其善者而从之，其不善者而改之。

——孔子

教育——这首先是关心备至地、深思熟虑地、小心翼翼地去触及年轻的心灵。……教育者还必须具备一种对美的精细的感觉。你必须热爱美、创造美和维护美(包括自然界的美和你的学生的内心美)。

——瓦·阿·苏霍姆林斯基

教育者应当深刻了解正在成长的人的心灵。当我听到或者读到对人的个别对待的态度这些词的时候，它们在我的意识里总是跟另一个概念——思考——联系在一起的。教育——这首先是活生生的、寻根究底的、探索性的思考。没有思考就没有发现(哪怕是很小的、乍看起来微不足道的发现)，而没有发现就谈不上教育工作的创造性。

——瓦·阿·苏霍姆林斯基

教学要合一,有三个理由:第一,先生的责任不在教,而在教学,而在教学生学。第二,教的法子必须根据于学的法子。第三,先生不但要拿他教的法子和学生学的法子联络,并须和他自己的学问联络起来。

—— 陶行知

教育不是灌输,而是点燃火焰。

——苏格拉底

如果有人问我:我怎样能够以简单的公式概括我的教育经验的本质时,我就回答说:要尽量多地要求一个,也要尽可能地尊重一个人。

——马卡连柯

君子有三乐,而王天下不与存焉。父母俱存,兄弟无故,一乐也;仰不愧于天,俯不怍于人,二乐也;得天下英才而教育之,三乐也。君子有三乐,而王天下不与存焉。

——孟子

第七章

师生恩怨

三毛

◎导读◎

　　学校是由校舍以及学生和老师组成的,这当然也是一个微缩的社会。在学生和老师的交往中,必会产生这样那样的情感,譬如恩,譬如怨。这往往是由各自独立的见解、行为方式不同所致。有些分歧,是不可回避的,最好化解方式,或许就是多忆恩、少记怨。

■ 恐怖的黑鸭蛋

"数学老师与我之间的仇恨越来越深,她双眼盯住我的凶光,好似武侠小说中射来的飞镖一样。

"初一那年我的成绩差强人意,名次中等,不留级。

"初二那年……第一次月考下来,我四门不及格。

"父母严重的警告我,再不收心,要留级了。又说,看闲书不能当饭吃,将来自己到底要做什么,也该立下志向……我哪里有什么立志的胸怀,我只知看书是世界上最最好玩的事,至于将来如何谋生,还远得很哪。

"虽然这么说,我还是有羞耻心,有罪恶感,觉得成绩不好,是对不住父母的行为。

"我勉强自己收了心,跟每一位老师合作,凡书都背,凡课都听,连数学习题,我都一道一道死背下来。

"三次数学小考,我得满分。

"数学老师当然不相信我会突然不再是白痴了,她认为我是个笨孩子,就该一直笨下去。

"所以,她开始怀疑我考试作弊。当她拿着我 100 分的考卷逼问我时,我对她说:'作弊,在我的品格上来说,是不可能,就算你是老师,也不能这样侮辱我。'

"她气得很不堪,冷笑了一下,下堂课,她叫全班同学做习题,单独发给我一张考卷,给了我几个听也没有听过的方程式。

"我当场吃了鸭蛋。

"在全班同学的面前，这位数学老师，拿着蘸得饱饱墨汁的毛笔，叫我立正，站在她划在地下的粉笔圈里，笑吟吟恶毒无比的说：'你爱吃鸭蛋，老师给你两个大鸭蛋。'

"在我的脸上，她用墨汁在我眼眶四周涂了两个大圆饼，因为墨汁太多了，它们流下来，顺着我紧紧抿住的嘴唇，渗到嘴巴里去。

"'现在，转过去给全班同学看看。'她仍是笑吟吟地说。

"全班突然爆出了惊天动地的哄笑，只有一个同学没有笑，低下头好似要流泪一般。

"我弄错了一点，就算这个数学老师不配做老师，在她的名分保护之下，她仍然可以侮辱我，为所欲为。

"画完了大花脸，老师意犹未尽，她要我去大楼的走廊上走一圈。我僵尸般的走了出去，廊上的同学先是惊叫，而后指着我大笑特笑，我，在一刹那间，成了名人。

"我回到教室，一位好心的同学拖了我去洗脸，我冲脸时一句话都没有说，一滴泪都没有掉。

"有好一阵，我一直想杀这个老师。"

在短短的不到一堂课的时间里，这位数学老师以强势的姿态"成功"地实施了对一位女学生从肉体到心灵的戕害，在肆无忌惮地践踏学生自尊与人格的同时，也宣告着作为老师的"失败"。在《逃学为读书》一文中，那位自比张乐平画笔下流浪孩子的台湾女作家三毛，用平实的笔触勾勒出了一件惊心动魄的感伤往事，就是这一次无端的恶意体罚，让少年三毛生命的领空乌云密布，从此步上一段漫长的如入迷宫般的岁月。

"我照常上了几天课，照常坐着公共汽车晃去学校。

"有一天，我站在大广场的对面，望着学校米黄色的平顶，我一再地想，一再地问自己，我到底是在干什么？我为什么没有勇气去追求自己喜爱的东西？我在这儿到底是在忍耐什么？这么想着想着，人已走到校门口，我看一下校门，心里叹着：'这个地方，不是我的，走吧。'

"在六张犁那一堆土馒头里,我也埋下了我不愉快的学校生涯。

"父母终于不再心存幻想,将这个不成器的孩子收留在家,自己教育起来。"

多年以后,在《蓦然回首》一文中,三毛再次忆及这段沉重往事,心态已足够平和,但在字里行间,依然有心痛的暗流涌动:"回想起来,少年时代突然的病态自有它的原因,而一场数学老师的体罚,才惊天动地地将生命凝固成那个样子。这场代价,在经历过半生的忧患之后,想起来仍是心惊,那份刚烈啊,为的是什么? 生命中本该欢乐不尽的七年,竟是付给了它。人生又有几个七年呢! "

那样的暗无天日的日子持续了三年多。

三毛陷入自卑、敏感、孤僻中不能自拔,天性中许多原本优异之处都被改写,都有所扭曲。

三年多以后,一个偶然的机会,三毛动了学画之念,她被介绍到"五月画会"的画家顾福生门下,学素描。

顾福生老师态度温和而友好,可是,这并未能让三毛破茧而出地走出自闭的境地。从观察石膏像开始,让她试着动笔,都跟了老师几天了,她还是连握笔的勇气都没有,一条线也画不出来。虽然最终在顾福生老师的引导下,她总算有所突破,但是跟那些素描挣扎了两个多月后,原本自卑的三毛,变得更神经质了。

三毛要打退堂鼓了。

可是,顾福生老师却未就此放手,而是让她看自己的油画,引导她改画水彩,试图用颜色来吸引三毛的兴趣。

也是在这一次,顾福生老师转移话题,问起三毛平日是否看书,得到肯定的回答后,顾老师说:"你的感觉很特别,虽然画得不算好,……"沉吟了一下,"有没有试过写文章? "了解了相关情况后,老师递过来一本《笔汇》合订本,几本《现代文学》杂志。三毛原本爱书,这些书重新唤起了她心头沉睡的激情,以致再见老师时,"完全换了一个人":可以和老师以及家人交流了,也终于自愿、自信地属于她自己的水彩画。这是在她进入顾福生画

我的未来不是梦

141

室后的第三个月。

三毛甚至拥有了文学创作的激情,再去画室时,她主动提议要写文章给老师看。在老师的鼓励下,她真的交出了一份稿件。

就在她自认为交出的稿件已石沉大海时,老师告诉她稿件将由《现代文学》刊出!老师说得轻描淡写,可是却"如同雷电击在我的身上,完全麻木了。我一直看着顾福生,一直看着他,说不出一个字,只是突然想哭泣出来。"

获得了意外的肯定,三毛久闭的心门终于訇然洞开,她终于发现笼罩在自己世界中的阴霾已然遁去。从此,三毛开始了她卓有成就的文学创作生涯。可以说,日后三毛的读者有幸读到三毛的文字,顾福生老师功不可没。

有一次,老师得知三毛散步时遇到白先勇,却夺路而逃的情形后,老师又交给她一张写有"一个永康街的地址,一个美丽的名字:陈秀美"的纸条,要她试着交友。三毛知道,老师在以循序渐进的方式,引领她走出心灵的误区。三毛终于小心翼翼地迈出了第一步,开始了对外交往。

此后,三毛无意中撞见顾福生四个如花似玉的姐妹,一时间竟"目眩神迷",竟也有了要打扮自己的冲动和行动。于是,"第二天下午,我偷穿了别人的新衣,跑到画室去了。"三毛爱美之心觉醒了。

就这样,顾福生老师总是不失时机地利用每一个可能的机会,将三毛拉上人生的正轨。"当年的那间画室,将一个不愿开口,不会走路,也不能握笔,更不关心自己是否美丽的少年,滋润成了夏日第一朵玫瑰。"

短暂的十个月师生之谊很快结束了,时光虽短,但顾福生却成了"擦亮我的眼睛,打开了我的道路,在人已经自愿淹没的少年时代拉了我一把的恩师",是"改变了我一生的人。"

就如同你我知道的一样,日后,三毛成了一位著名的作家,时至今日,她的读者圈依然存在。她用她的文字作着无声的辐射,发散着自己的影响。

读《蓦然回首》,我在想,如果三毛不曾遇到顾福生老师,她是否会继续吞食那位数学老师馈赠的恶果、依旧延续那段漫长而无望的人生岁月? 她还会有日后的辉煌吗?

还好,这一切都只是个假命题。

至少,在我们为之感动的同时,我们相信,老师是能改写学生生命走向的那个人,只不过因缘不同,结果各异罢了。

逐梦箴言

老师,其实应当是帮助学生寻找梦想、实现梦想的那个人,这也应当是老师的梦想。当老师亲手打碎了学生的梦想,那么,这位老师则很难说是称职的了;如果他或她对学生实施了不当之举,带给学生不良的影响,我们甚至可以认为他或她已在扼杀学和生的美梦,无异于犯罪了。

知识链接

三毛和她的作品

台湾作家三毛,1943年3月26日生于重庆。幼年时期的三毛就对书本表现出浓厚的兴趣、爱好,至初中时几乎看遍了市面上的世界名著。初二那年休学,由父母亲悉心教导,在诗词古文、英文方面,打下坚实的基础。并先后跟随顾福生、韩湘宁、邵幼轩三位画家习画。

1964年,得到文化大学创办人张其均先生的特许,到该校哲学系当旁听生,课业成绩优异。

1967年再次休学,只身远赴西班牙。在三年之间,前后就读西班牙马德里大学、德国哥德书院,在美国伊诺大学法学图书馆工作。对她的人生经验和语文进修上有很大助益。

1970年回国,受张其均先生之邀聘在文大德文系、哲学系任教。

1973年与苦恋6年的荷西重逢,于西属撒哈拉沙漠的当地法院,与荷西公证结婚。在沙漠时期的生活,激发她潜藏的写作才华,并受当时《联合报》主编的鼓励,作品源源不断,并且开始结集出书。 第一部作品《撒哈拉的故事》在 1976 年 5 月出版。

1979 年 9 月 30 日,夫婿荷西因潜水意外事件丧生,三毛回到台湾。

三毛主要作品有:《撒哈拉的故事》《倾城》《温柔的夜》《哭泣的骆驼》《梦里花落知多少》《雨季不再来》《送你一匹马》《背影》《我的宝贝》《闹学记》《万水千山走遍》《稻草人手记》《随想》《谈心》《我的快乐天堂》《高原的百合花》《亲爱的三毛》《我的灵魂骑在纸背上——三毛的书信札与私相簿》以及电影文学剧本《滚滚红尘》等共 23 部。

三毛的作品被介绍到大陆后,一度引发"三毛热",给数代人留下了难得又难忘的阅读记忆。

三毛

■ 短命的湖畔佳话

1854 年,《瓦尔登湖》出版了。开始,反响并不大,可是,随着时间的推移,它却日益显露光芒,直至"光芒四射"。

细心的读者或许注意到了,《瓦尔登湖》一书中提到先圣与哲人 180 余位,却独独不见"爱默生"三个字,而在日记里,梭罗更是以"他"字代指爱默生。可以说,如果没有爱默生,梭罗未必会走文学之路;如果没有爱默生,梭罗也不能写作《瓦尔登湖》,因而也就不会有日后的高知名度。这 180 余位,任他是谁,都无法取代爱默生对梭罗的直接影响、有力帮助。那么,是什么缘故促使梭罗"忘恩负义"呢?

这得从头说起。

1817 年 7 月 12 日,梭罗出生于美国马萨诸塞州康科德城,那里风景如画,也是"全世界最可尊敬的地点"之一、爆发了美国独立战争的首义之城。这些,曾让他深感自豪。虽说家境很困难,但家人还是把他送到哈佛大学接受教育。

1834 年,大作家爱默生定居于康科德城。那时,正是美国知识界异常活跃之时,爱默生更是其中的中坚分子,不时进行演讲等社会活动。他曾到哈佛大学作了以《美国学者》为题的演讲,震动了思想文化界,被称为美国思想与文学的"独立宣言"。

一个偶然的机会,梭罗见到了爱默生。爱默生被他身上洋溢的才气感染,喜爱之情溢于言表,甚至将这一兴奋时刻写进了日记。爱默生决心尽力帮助他。为了缓解梭罗的困顿，爱默生写信给哈佛的总裁昆西，隆重推荐，梭罗也便有了 25 美元的奖学金补贴求学之用。大学毕业后，按照家人的设想，他应当到更广阔的天地去闯荡，可是，他始终求职无门，便回到故乡，自办了一所规模很小的小学。爱默生认为前景不佳，便说服梭罗的母校康科德学院接管了那所刚创办的小学，梭罗与他的哥哥约翰同时进入学院任教。梭罗的教学生涯只持续了两年。梭罗教授的是古典名著、科学和自然史。在那段时间，他常以大自然为课堂，带学生到户外上课，或者去旅行。不拘一格的授课方式，效果奇佳，不仅让他赢得了学生们的爱戴，也为他埋下了日后"回归山林"的种子。

1841 年，梭罗住到了爱默生家里，成为爱默生的门徒兼助手，一住就是两年。也就是在这时候，在爱默生的鼓动之下，梭罗开始尝试写作。爱默生的女友玛格丽特·富勒主编超验主义者的刊物《日晷》，梭罗一再投稿，屡投而不中，爱默生就亲手帮他修改、润色，这才顺利地通过。在爱默生的关照下，梭罗在总共 16 期的《日晷》上发表了诗歌、随笔与译文达 31 篇之多。由于爱默生的倾力扶持，梭罗进步迅速。

1843 年，梭罗与 17 岁的艾伦·西华尔的恋情宣告结束。不久，他的哥哥去世，一时间梭罗痛不欲生。爱默生为了帮他摆脱抑郁的心情，介绍他到居住在曼哈顿的哥哥威廉·爱默生家当家庭教师，并引荐其进入纽约的文学圈，可是梭罗对纽约没有好感，只呆了半年多，便悄然打道回府。

1844 年秋天，爱默生在瓦尔登湖买了一块地。梭罗很看好那里的生态环境，得到爱默生首肯后，第二年的 3 月末，梭罗在瓦尔登湖边建房而居，生活了两年多。就是在这座自建的木屋里，他写作了《康科德河和梅里麦克河上的一星期》一书，同时为他日后写作名著《瓦尔登湖》作了铺垫与积累。这期间，他与爱默生一直往来不断。

1847 年，爱默生要远行欧洲。梭罗结束与瓦尔登湖为伴的日子，回到了康科德城，再次做起了爱默生的管家。自此，梭罗就像主人一样，在爱默生家写作、生活。那时的梭罗，与爱默生的妻儿相处融洽，他甚至爱上了比他大 16 岁的爱默生的第二任妻子莉迪安。大约一年后，爱默生归来。这时的梭罗已经习惯了在爱默生家的生活。同时，随着写作的进步，他的名气也渐渐大了起来,加之他和爱默生见解逐渐分歧,他们原本友好的关系一下发生了逆转。

1849 年,梭罗的《康科德河与梅里麦克河上的一星期》出版,这本书销量极差,而爱默生再也不像以前那样宽厚和热忱,甚至横加指责。梭罗大感意外:"我写了一本书,并请我的朋友提出批评,结果除了一篇赞词之外我什么也没听到;后来朋友和我疏远了,我又因为书中的缺点被贬得一无是处。""当我的朋友还是我朋友的时候,他只是恭维我,我从来听不到半点真相;而当他成为我的敌人时,他却把真相附在毒箭上向我射来。"

爱默生与梭罗的友谊只持续了 12 年,此后他们虽仍偶有接触,但始终未能恢复如初。尽管如此,爱默生依然固执地认为梭罗为美国最优秀的作家,并对他寄予厚望。

1854 年,梭罗最著名的作品《瓦尔登湖》出版了,这是一本逐渐被认识的书。它的存在,证实了梭罗的优秀。不知梭罗是否在某个意外的瞬间,会有将它献给爱默生以示答谢的念头? 但在无形中,它似乎真的在呼应着爱默生那深沉的期许。

回望梭罗和爱默生的恩怨往事,我们可以认定,梭罗始终在极力逃避爱默生以关爱为名的遮蔽——爱默生希望通过自己的付出、努力,达成帮扶梭罗的意愿,可在无形中,他或多或少地、有意无意地扮演了施予者的角色,而这,恰恰让富于叛逆色彩和精神的梭罗难以接受。梭罗在内心深处何尝不感激爱默生的热心? 但他太不愿意活在他人的"影响的焦虑"里了。所以在他的文字里别人是不会读到他对爱默生的感念之语的。当然,再加上如前所述的因素,他们最终共同为他们的友情画上句号也就在所难免了。

梭罗在批驳爱默生那篇《论友谊》中的一句 "优秀人物之间的友谊虽然终止了,他们的原则却依然没变,正如藕断丝连"可资证明。至于爱默生写于梭罗离世后的 "他虽然是这样纯洁无邪的一个人,他竟没有一个平等的友伴与他要好。他有一个朋友说,'我爱亨利,但是我无法喜欢他;我决不会想到挽着他的手臂,正如我决不会想去挽着一棵榆树的枝子一样'。"似乎可以解读为他对他们师生关系的一种划定,暗示了他对他们原本友爱联系中断的剖析。也是在短命的梭罗作别人间之后,已不再是梭罗的朋友

我的未来不是梦

147

的爱默生写道："我们完全没想到他会忽然逝世。美国还没有知道——以至于毫不知道它失去了多么伟大的一个国民。这似乎是一种罪恶,使他的工作没有做完就离开了,而没有人能替他完成;对于这样高贵的灵魂,又仿佛是一种侮辱——他还没有真正给他的同侪看到他是怎样的一个人,就离开了人世。但至少他是满足的。他的灵魂是应当和最高贵的灵魂做伴的;他在短短的一生中学完了这世界上一切的才技;无论在什么地方,只要有学问、有道德的、爱美的人,一定都是他的忠实读者。"

"呼唤人的和被呼唤的很少能互相应答。"哈代如是说。

我们知道,就像当初认定梭罗拥有过人才气一样,他依然认可他的"前弟子"的才气不可埋没。爱默生惜才如故。

逐梦箴言

助人时,也要想到受助者的心理状态。当能做到"因人施助"时,往往能收到事半功倍之效。

知识链接

《瓦尔登湖》

《瓦尔登湖》是美国 19 世纪超验主义先驱梭罗的著名散文集,在美国文学中被公认为是最受读者欢迎的非虚构作品。梭罗是不抵抗运动的先驱,现代环保主义的鼻祖。梭罗认为人除了必需的物品,其他一无所有也能在大自然中愉快地生活。他在 1848 年干了一件罕见的事情,就是拿了一把斧头,到康科德郊外瓦尔登湖畔的森林中自己搭建了一座小木屋,然后每年劳动 6 周,其余时间用来阅读和思考。他的一切所需均依靠自己动手获取。这样在瓦尔登湖畔生活了两年,之后将在瓦尔登湖畔的生活写成了被称作超验主义圣经的《瓦尔登湖》一书。

《瓦尔登湖》最早是由徐迟翻译到中国的。

■ "文学巨匠"是怎样炼成的

　　古今中外的作家们,往往都有一位或几位引路之师,正是在他们无私而有力的帮助、提携下,才使得他的弟子避开弯路、快步前行。

　　莫泊桑是 19 世纪法国文学巨匠。他一生创作了 6 部长篇小说和 350 多篇中短篇小说,文学成就以短篇小说最为突出,与契诃夫和欧·亨利并称世界三大短篇小说巨匠,对后世产生极大影响。被誉为"短篇小说之王"。虽说他的成就足够辉煌,但是在起步之初他却始终是"知其门而难入",直到师从福楼拜,他才"踏平坎坷成大道"。

　　莫泊桑的母亲爱好文学。还是在莫泊桑很小的时候,母亲就开始教他阅读、写作。到了中学的时候,他的老师、著名的巴那派诗人路易·布耶,发现了他的文学才华,经常指导莫泊桑进行各种体裁的文学创作,没少鼓励、帮助他。莫泊桑有了进步,可却进步不大,以致陷入困惑与迷茫中。这时,他想到了拜师学艺。就这样,他的舅舅的同窗好友、大文学家福楼拜成了他的老师。福楼拜对他要求极为严格。

　　有一次,莫泊桑去拜访福楼拜,把他精心准备的故事讲给福楼拜,他原以为会得到赞许,不想,福楼拜竟连连摇头,说他不主张莫泊桑写这些故事。他让莫泊桑骑上马,到外面去跑一圈,一两个钟头之后,回来把自己所看到的一切都记下来。莫泊桑照办了,福楼拜用这个办法锻炼莫泊桑的观察能力。刚开始时,莫泊桑摸不着门路,一无所获,他甚至有些沮丧了。福楼拜不失时机地给他以鼓舞和鞭策,莫泊桑终于没有灰心。福楼拜又具体地指点莫泊桑："当你从一个坐在他自己店门前的杂货商跟前走过,从一个吸着烟斗的守门人跟前走过,从一个马车站门前走过时,请你给我描绘一下这个杂货商和这个守门人,他们的姿态,他们整个的身体外貌,要用画家那样的手腕传达出他们全部的精神状态,使我不至于把他们和任何别的杂货商人、任何别的守门人混同起来。还请你只用一句话就让我知道马车站有一匹马和它前前后后五十来匹是不同的。"莫泊桑按照老师提供的办法锻炼自己的观察力,一年以后,果然有了很大的长进。

福楼拜要求莫泊桑将每篇习作都交给他审阅。福楼拜总是一丝不苟地为他修改习作,指出不足,也不忘赞赏优点。自从拜师之后,每逢星期日莫泊桑就带着新习作,从巴黎长途奔波到鲁昂近郊的福楼拜的住处去,聆听福楼拜对他前一周交上的习作的点评。经过这样的一番努力,莫泊桑终于能写出像样的作品了,但福楼拜劝他不要急于发表。因此,在当时,莫泊桑的著述虽多,但发表的却很少。直到莫泊桑写出了《羊脂球》,福楼拜高兴地让他投稿,最终莫泊桑一鸣惊人,由此一跃登上法国文坛。

在接下来的 10 年间,莫泊桑接连创作了包括《一家人》、《我的叔叔于勒》、《米隆老爹》、《两个朋友》、《项链》及《西蒙的爸爸》、《珠宝》、《小步舞》、《珍珠小姐》等一大批脍炙人口、思想性和艺术性完美结合的短篇佳作。后来,他还创作了 6 部长篇:《一生》、《漂亮朋友》、《温泉》、《皮埃尔和若望》、《像死一般坚强》和《我们的心》,其中前两部已列入世界长篇小说名著之林。莫泊桑的作品产生了极大影响。屠格涅夫认为他是 19 世纪末法国文坛上"最卓越的天才"。恩格斯更是这样表态:"应该向莫泊桑脱帽致敬。"

福楼拜本人就是写作高手,因此他也在无形中给莫泊桑树起了一个标杆。莫泊桑在相当长的一段时期里,是以带病之躯进行写作的。他有拼搏精神很显然带有明显的向老师看齐的意味。他坚持写作,直到神经分裂症渐渐恶化。1891 年病情急转直下,求生的欲望使他四处求医,但又继续迷恋于放浪的生活。1892 年 1 月 2 日,莫泊桑自杀未遂,渐渐失去康复的信心。五天后他被送入精神病院。1893 年与世长辞,年仅 43 岁。

一颗小说巨星陨落了,但是他和他的小说以及他与恩师福楼拜的故事却长存人间,给许多后来者以这样或那样的启迪。

逐梦箴言

做老师的幸福,或许就在于目睹或感受到学生在自己的精心培育下的茁壮成长、不断进步,甚至取得预期的或超过预期的成绩时那种难得的心理体验了。这,或许是上苍赐给师者独特的礼物。

知识链接

"短篇小说之王"风格有什么区别

莫泊桑继承了福楼拜、巴尔扎克、斯汤达等现实主义大师的写实传统,同时又追随左拉等自然主义先驱人物,在写作中他正视现实、尊重历史,特别是不让自己在作品中出现。他的文章中几乎找不到平铺直叙的说教,他的创作最大特点就是善于隐藏自己。同时,他更巧妙地掌握了如何在隐藏的同时,传达给读者自己的观点,最终给读者以启迪和教育。这种隐藏并不是真正的隐藏,他恰到好处地突出了作品的主题,比那些平铺直叙的陈述和冗长的道理更耐人寻味。

欧·亨利的短篇小说在艺术技巧方面达到了相当高的水平,形成了自己独特的风格。他的小说善于用带泪的微笑和辛酸的欢乐打动读者;他的小说情节曲折,构思巧妙,往往用一种出人意料的结尾,增强人物的命运的悲剧气氛。这就是人们常说的"欧·亨利笔法"。他的短篇小说对于帮助我们认识美国社会生活,以及借鉴短篇小说创作的艺术技巧,都有极大的意义。

契诃夫的写作洁净、幽默和深刻,他善于截取平凡的日常

我的未来不是梦

生活片段,凭借精巧的艺术手法对生活和人物作真实描绘和刻画,不动声色地展示重要的社会内容。其小说描绘了各色各样的生活场景,刻画了处于各个社会阶层、从事各种职业的人物形象,从不同的角度和侧面反映了当时俄国社会生活的状况。他对资产阶级政治和社会的腐败十分不满,因此很少有积极向上的作品。其文章布局精巧,有着敏锐的洞察力,善于从现实生活中选取典型人物、事件、生活片段作为透视点,以小见大,由点及面反映社会现象,用朴实的语言表达深刻的思想感情,于平凡中见真谛。小说通常采用第一人称,灵活的细节描写、鲜明的语言,容易产生共鸣。

契诃夫

● 智慧心语 ●

奉劝年轻的教师:不要急于处罚学生,要好好想一想,是什么促使他犯这种或那种过失的。要是设身处地为孩子们想一想,那末就可相信他们会通过自身的努力来改正错误的。体罚是权威制度的残余,在时代的意义上说它已成为死去的东西;它非但不足以使儿童改善行为,相反地,它是将儿童挤下黑暗的深渊。

——苏霍姆林斯基

一旦懂得尊重与羞辱的意义之后,尊重与羞辱对于他的心理便是最有力量的一种刺激。如果您能使儿童爱好名誉,惧怕羞辱,你就使他们具备一个真正的原则,这个原则就会永远发生作用。

——洛克

鞭挞或呵斥是应该谨慎地避免的。它只是弥缝了目前,使伤口结上一层皮膜,对于痛楚的核心仍然没有触到。只有出自内心的羞耻心和不愿见恶于人的畏惧心,才是一种真正的约束。

——洛克

教育的伟大目标不只是装饰而是训练心灵,使具备有用的能力,而非填塞前人经验的累积。

——爱德华兹

我的未来不是梦

如果你想要儿童变成顺从而守教条的人,你就会用压服的教学方法;而如果你想让他们能够独立地、批判地思考并且有想象力,你就应当采取能够加强这些智慧品质的方法。

——R·皮特斯

学校的理想是:不要让任何一个在智力方面没有受过训练的人进入生活。愚蠢的人对社会来说是危险的,不管他们受过哪一级的教育。

——苏霍姆林斯基

第八章

不朽师魂

◎导读◎

　　所谓"精神"，大抵是指那种崇高的、可以为之奋斗终生甚至以生命相与的不可褫夺的信念、不可动摇的理想，拥有了这样的信念、理想，为之付出，虽万死而不辞。在教育领域，拥有这样的精神者不在少数，我们称之为"师魂"。师魂不朽，有"师魂"者不朽！

■ "体育校长"和他的强国梦想

1898 年 7 月的一天,山东威海卫的日本太阳旗降下,中国黄龙旗升起。第二天黄龙旗降下,英国国旗升起。这就是发生在中国土地上的"国帜三易"。原来,甲午战争中国战败,帝国主义列强加紧瓜分中国:德、法、俄各有所得,英国强租了九龙半岛和威海卫,强制占据威海卫的日本将威海卫归还中国,再由中国转租给英国。目睹这一幕国耻的北洋水师见习驾驶官张伯苓,受到强烈刺激。

张伯苓出生于 1876 年。幼年时他体弱多病,是体育锻炼让他变得强壮起来。后来,张伯苓以优异的成绩考入北洋水师学堂,在总教习和监督严复的影响下,张伯苓较早地接触了西方近代体育。后来,甲午海战中国海军几乎全军覆没的噩耗让血气方刚的张伯苓义愤填膺,在刘公岛目睹的场景更让他刻骨铭心:"那英兵身体魁伟,穿戴得很庄严,面上露着轻看中国人的样儿。但是吾们中国兵则大不然,他穿的衣服还不是现在的灰军衣,乃是一件很破的衣服,胸前有一个'勇'字,面色憔悴,两肩高耸。这两个兵若是一比较,实有天地的分别。"

有了这样的认识,再加上这一刺激,让张伯苓深刻地意识到:"在现代世界中求生存,必须有强健的国民","中国之国土、天产,无一不及外人,所以不如人者,只有人的陶铸。"怀着这样的信念,张伯苓决心离开北洋水师,实施教育救国之愿。

一个偶然的机会,张伯苓结识了爱国志士严修。严修,字范孙,曾任翰林院编修、贵州学政、学部侍郎。他也较早地接受了西方文明,在戊戌变法的前一年即 1897 年即向光绪皇帝上书,提出改革科举制度,设立经济特科,被梁启超称为"戊戌变法之源点"。变法失败后,严修辞官回到天津,在自己宅中办起家馆向子弟传授新学。就在此时,有朋友向他推荐张伯苓,严修立即邀请张伯苓面谈。两人一见如故,严修聘请张伯苓做家馆老师。张伯苓讲授的课程有英语、数理化,同时,他还很有创意地增设了"操身"课程。其时,练习跳高没有竿、架,他就用椅子架一毛帚;竿子升高,就垫书本。起初学生们脑后的辫子常常把竿碰掉,不免引起一阵哄笑,后来他们索性盘起辫子、脱下长衫,跳起来轻松了许多。没有木马,他就让学生曲身,两手撑膝,排成一列,然后腾跃,代为木马练习。一番努力下来,收效和影响均令人满意。一时间,他成为天津城令人刮目相看的新派老师。

由于张伯苓教学成绩卓著,盐商王奎章又聘请他到王氏家馆任课。张伯苓上午教严馆,下午教王馆,社会影响日益扩大。严修和张伯苓决定扩大办学规模。1904 年春天,严、张二人东渡日本考察教育,看到推广新式教育,重视科学技术,是日本明治维新以后迅速强盛的根本原因。中国要想富强,也要走这条路。从日本回国后,严修和张伯苓认为中学是培养人才的重要阶段,决定先办中学,日后再扩充办大学和小学。他们将严馆、王馆合并,办起一所私立中学堂,张伯苓任监督,当年秋季招收学生 73 名,年底改名为敬业中学堂。此后,学生人数日增,校舍不够使用,开明邑绅郑菊如捐出天津旧城西南一块十多亩的荒地,严、张即在这里兴建新校舍。因为这处新校舍在城南的开洼,称为南开洼,简称南开,学校因此在 1907 年改名南开中学堂,1912 年改称南开学校,张伯苓任校长。

在严修、张伯苓的共同努力下,南开中学培养出了以周恩来、马骏为代表的优秀学生,并逐步实现了兴办南开系列学校的设想:在南开中学的基础上,1919 年 9 月创建南开大学,1923 年增设南开女中,1928 年增设南开小学,形成旧中国私人创办的建制完整的南开系列学校,学生总数发展到三千余人。

随着南开系列学校的创立,张伯苓开始真正将自己的体育教育理念付诸实践。他根据多年的观察，认为"在德、智、体三育之中，我国人最差的是体育"，"强国必先强种，强种必先强身"，主张"强我种族，体育为先"。因此，他对学生的体育锻炼，倾注了极大的心血。他大声疾呼："南开学生的体质，决不能像现在一般人那样虚弱，要健壮起来。"为了强身，张伯苓十分注意体育教育的普及，在学校的各年级均设体育课，每周两小时。1946年冬，张伯苓由美回国，对发展体育事业有了更进一步的认识。他认为："教育如果没有体育，教育就不完全"、"不懂得体育的人，不宜当校长"。

作为南开学校校长，张伯苓规定铅球、跳高等的成绩均要达到学校规定标准方为及格，并要求本校运动会要尽量使人人都能上场。由于张伯苓对体育的关注，有人甚至称他为"体育校长"。在张伯苓的推动下，"每天下午4点后，学生都自觉地奔赴操场，三五结伴，锻炼身体从不间断"。由于各项体育运动的普及和发展，校内涌现出不少优秀的运动选手和实力雄厚的运动代表队，参加校际、地区间，乃至全国性和国际性体育比赛，他们多次在天津、北京、华北及全国各地甚至远东比赛中获得优异成绩，使体育成为南开与社会交流的重要方式。

张伯苓酷爱足球运动，他有时亲自带领学生踢足球或参加比赛。1935年以南开队主力队员和著名的北宁队组成的中北足球队，在参加"爱罗鼎杯"比赛中，连续挫败在天津的英国队、俄国队和世界队等，获得冠军，成为我国有史以来第一次战胜洋人而夺标的足球队。张伯苓高兴地宴请了全体队员，席间，他激动地说：西洋人嘲笑我们是"一盘散沙"，做事是"五分钟热度"，事实是最好的反证。足球比赛是一种团结合作性很强的运动，全队必须团结一致，顽强奋战，才能有取胜的希望，我们以此来克服"一盘散沙"，不失为一服良剂。足球比赛的时间长，紧张而激烈，必须具备坚韧不拔的精神，如以此作为服务于社会的准绳，就不会被人嘲笑我们是"五分钟热度"了。

在全力引导学生爱体育、用体育的同时，张伯苓也积极为国民们的强身健体鼓与呼。华北地区是旧中国开展近代体育较早、范围较广、运动水平较高的地区，而华北运动会又是北方体育的最大赛事，对华北地区乃至全国体育的发展均产生了积极影响。在历时20余年的18届华北运动会中，长期作为华北体育联合会执委的张伯苓，曾担任4届运动会的会长及6届运动会的总裁判长。张伯苓以其对华北地区体育事业的突出贡献，确立了北方体育领袖的地位。

鲜为人知的是，张伯苓与"奥运"有瓜葛。他通过天津基督教青年会第一次听说了奥林匹克运动，对此表现出极大的兴趣，并最先表达了中国参加国际奥林匹克运动的美好愿望。1907年10月24日，在天津基督教青年会礼堂举行的第五届联合运动会闭幕典礼和颁奖仪式上，张伯苓即以《雅典的奥运会》为题发表了演说，他介绍了古代奥运会的历史与现代奥林匹克运动复兴的过程。他建议，中国人应该加紧准备，在不久的将来也出现在奥运赛场上。他还认为，当时最需要的是聘请有技能的教练员。

张伯苓一生提倡体育不遗余力。他始终把学生的健康作为学校一切工作的出发点。这个思想的确立，不仅仅是出于为改变当时广大青少年由于享受不到真正的体育权利，健康状况极为低下的局面，更是基于他对体育在培养全面发展人才的教育中的重要性的深刻认识。张伯苓让无数人意识到体育的重要性，也从实质上提升了民众体魄。有人说，"中国近代50年来的体育史，和张先生有不可分离的关系……数十年来，先生提倡体育热忱始终不懈，其精神感召和领导作用，对我国体育有不可磨灭的影响。我国体育能有今日的基础，先生之功甚大。"

1951年2月23日，为南开教育以及国民体育事业辛劳毕生的张伯苓与世长辞，享年75岁。张伯苓做了一生的体育梦，他的体育梦其实也是强国梦。唤起我们的感喟时，也必会让我们思考很多、很多。

逐梦箴言

人生不能没有梦想，有了梦想，就有了追求进取的目标，也就有了求索上进的动力。为了崇高、美好的梦想奋斗拼搏吧，那样，你会感受到别样的幸运与幸福！

知识链接

中日甲午战争

1868 年，日本通过明治维新，"脱亚入欧"，开始走上资本主义道路，国力日渐强盛。当时的日本，正交叉进行两次工业革命，急需对外的商品输出和资本输出。但日本作为一个岛国，国内本身就资源匮乏、市场狭小，加之国内封建残余势力的浓厚及社会转型期各种矛盾的尖锐，因此以天皇为首的日本统治集团急于从对外扩张中寻求出路。为此，1887 年，日本政府制定了所谓"清国征讨策略"，逐渐演化为以侵略中国为中心的"大陆政策"。其第一步是攻占台湾，第二步是吞并朝鲜，第三步是进军满蒙，第四步是灭亡中国，第五步是征服亚洲，称霸世界，实现所谓的"八纮一宇"。而甲午中日战争就是日本实现"大陆政策"前两个步骤的重要环节。那时候，世界主要资本主义国家逐步向帝国主义过渡。日本的侵略行径在一定程度上得到西方列强的支持。

当时的中国处于清朝晚期，正往半殖民地半封建社会的深渊沉沦。政治十分腐败，人民生活困苦，官场中各派系明争暗斗、尔虞我诈，国防军事外强中干，纪律松弛。在这种情况下，中国和日本必定不能避免一战。

根据日本的大陆政策，日本第一个侵略的矛头就是中国台湾。1872 年，日本开始侵略中国附属国琉球，准备以琉球为跳板进攻台湾。这是近代史上日本第一次对中国的武装侵略。由于清廷的软弱无能，日本于 1879 年完全并吞了琉球王国，改设为冲绳县。

随后，日本又按照其大陆政策的第二步，开始侵略朝鲜。1876 年日本以武力打开朝鲜国门，强迫朝鲜政府签订《江华条约》，取得了一系列特权。1882 年朝鲜发生壬午兵变，中日两国同时出兵朝鲜，清军虽然在这次事件中压制住日军，但日本还是如愿取得了在朝鲜的驻军权。1884 年，日本帮助朝鲜开化党发动甲申政变，企图驱逐清朝在朝鲜的势力。袁世凯率清军击败了日军，镇压了这次政变。但日本人还是利用了清廷的昏庸同清政府订立了《天津会议专条》，规定中日两国同时从朝鲜撤兵，两国出兵朝鲜须互相通知。这就为后来的甲午中日战争埋下伏笔。

1894 年 7 月期间，日本发动战争的阴谋已经越发明显，中国国内舆论和清军驻朝将领纷纷请求清廷增兵备战，朝廷里也形成了以光绪帝载湉、户部尚书翁同龢（光绪帝老师）为首的主战派（帝党），然而慈禧太后并不愿意其六十大寿为战争干扰，李鸿章为了保存自己嫡系的淮军和北洋水师的实力，也企图和解。这些人形成了清廷中的主和派（后党）。李鸿章明知日本的狼子野心，却并未认真备战，而是一味寄希望于美、英、俄等欧美列强调停。但调停均告失败。

1894 年 7 月 23 日凌晨，日本军队突袭汉城王宫，挟持朝鲜国王李熙（朝鲜高宗），解散朝鲜亲华政府，扶植国王生父兴宣大院君李昰应上台摄政，并成立以金弘集为实际首脑的亲日傀儡政府。日本嗾使金弘集内阁断绝与清朝的关系，并"委托"日军驱逐驻朝清军。控制了朝鲜政府后，1894 年 7 月 25 日（农历甲午年六月二十三日），日本不宣而战，在朝鲜丰岛海面袭击了北洋水师的战舰"济远"号、"广乙"号，丰岛海战爆发。海战中日本联合舰队第一游击队的"浪速"舰悍然击沉了清军借来运兵的英国商轮"高升"号，制造了高升号事件。至此日本终于引爆了甲午中日战争。

1894 年 8 月 1 日（光绪二十年七月初一），中日双方正式宣战，到 1895 年 4 月 17 日《马关条约》签字时，甲午战争宣告结束。这场战争以中国失败告终。中国清朝政府迫于日本军国主义的军事压力，签订了丧权辱国的不平等条约——《马关条约》。它给中华民族带来空前严重的民族危机，大大加深了中国社会半殖民地化的程度。

■ 老师，请受我一跪

2007年1月21日，由CCTV-7农业频道主办的2006年度三农人物颁奖典礼上，开奖嘉宾侯耀华郑重宣布："获得2006年度'三农人物'奉献奖的是贵州省黔南布依族苗族自治州三都水族自治县乡村教师陆永康！"听到自己的名字，陆永康拄着双拐，走到台上领奖。侯耀华迎了上去，他动情地说："说心里话，我知道要给您颁奖的时候，我只想着一件事，您跪了36年了，今天我应该给您（跪）。"说着，真的单膝着地跪了下来……这动情一跪，代表了许多人发自内心的对这位陆老师的敬意。

陆永康出生9个月时，就因小儿麻痹症导致双腿膝盖以下肌肉萎缩。人生之初的行走，他是跪着完成的。靠着顽强而惊人的毅力，他完成了小学六年的学业。后来，学校停课了，他失学了。但他一直没有扔下书本，自学完成了小学到初中的全部课程，成了村里为数不多的"文化人"。

1968年，村里的孔荣小学最后一位教师离开，村干部找到陆永康，看他能否胜任教学工作。上了几节课，得到了认可，就这样，陆永康开始了他漫长的跪着教书育人的生涯。当时，学生也流失得差不多了。他做的第一件事就是要把辍学的孩子劝回来。然而，这对于他而言，何啻登天？首先，如何行走就成了最大的难题。

不过，这倒没能难住陆永康。想来想去，他用木板、旧篮球、废旧轮胎、铁丝自制一双重达两公斤的"船鞋"，缚住双膝，再挂上木棍，开始了艰难的劝学过程。"跪行"感动了村民。第二个学期，他的学生增加到50名。3年后,小学破天荒有了 150 名学生。随后的 36 年里,陆永康日复一日地跪着给孩子们上课,跪着和孩子们做游戏,跪着和孩子们一道行走在山间的小道上。别人走一小时的路,他要"跪"四小时。但陆永康愣是这样跪着走遍了孔荣小学周边的八个自然村寨,跪遍了孩子家的门槛。他也创造了水乡贫困山区儿童入学率 100% 的奇迹。"自主研发"的"船鞋",陆永康穿坏了大概十双。

陆永康有三件"宝贝",除了"船鞋",还有哨子、电棒。它们都有着大用场:大山里面常有猛兽出没,陆永康就用嘴含着电棒照亮,以防与它们不期而遇;在大山中寂寞或害怕的时候,他就吹响铜哨子给自己壮胆。

陆永康对教学一丝不苟,有弄不懂的东西,他就到 6 公里远的中心小学去向别的老师请教。他还针对水族学生不熟汉语的特点,采用"双语"教学(汉语、水语),取得了良好效果。任教以来,陆永康每年都被评为县里的优秀教师;1998 年,获得香港李国基教师奖励基金;2002 年,又被评为贵州省优秀教师。如今,在羊福乡中心小学,几乎有一半老师都曾是陆老师的学生。

长期的"跪行""跪教",使得陆永康的膝盖结满了厚厚的老茧,膝盖以下的肌腱功能已退化变形。

1981 年,陆永康由民办转为公办教师后,上级有关部门考虑到他行走不便,把他调到乡里任教。学生和家长都舍不得他走,多次找到乡里反映,要求陆老师回去继续教书。羊福乡教育辅导站站长龙光启说:"我们反复解释,好不容易才把他们劝了回去。"

2004 年 3 月,中共黔南州委书记林明达在知晓陆永康的事迹后,给黔南中医医院院长张长松打电话,询问陆永康还有没有通过手术治疗站立起来的可能。经过检查,陆永康双腿膝关节纤维僵直,屈节 90 度,严重畸形。同年 6 月 18 日,历时 3 个多月的治疗后,陆永康生平第一次在助行器的帮助下站立起来。消息传回陆永康任教的羊福小学,学生们一针一线地为他们的老师绣了两双鞋垫,并托人带到医院,希望陆老师早日返校。

2005 年 4 月 19 日,离家治疗一年多的陆永康回到羊福。快到进入乡镇的一座大桥时,陆永康看到,桥的两边挤满了学生。他们都是来欢迎陆老师重返讲台的。……

　　陆永康的事迹感动、感染了无数人。2007 年,他还荣获了央视"感动中国"人物称号。他用他多年如一日的教学行动,证实了"只要心灵崇高,跪着同样高大"!

逐梦箴言

　　在祖国的教育事业领域,不知闪现着多少拖着病体残躯的可敬的老师的身影。比起健壮的老师们,他们为了达成执教之梦,尽到为师之责,往往更要付出超常的努力,感受到更多的艰难。让我们记下自己知道的、听说的类似的师长的名字吧,让我们以十二分的感激之情献上我们的无尽敬意!

陆永康

■ 废墟上的浮雕

伴着突如其来的大地剧烈的颤动，道路桥梁在瞬间土崩瓦解，各种建筑顷刻碎裂坍塌，数以几万计的生灵在毫无意识的情况下被深埋于废墟下，苟延残喘或者一命呜呼……这是新中国成立以来破坏性最强、波及范围最大的一次地震，发生于 2008 年 5 月 12 日 14 时 28 分 04 秒的汶川大地震。

那时，从幼儿园到中学，孩子们都在教室里上课，可谓危在旦夕，命悬一线！

沧海横流方显英雄本色，大难来袭更见教师风采。于是，在震中四川省汶川县映秀镇，以及北川、都江堰等地，老师纷纷变身为孩子们生命的守护使者，一幕幕震撼人心、催人泪下的"情景剧"几乎同时上演——

绵竹市的一所幼儿园。当救援人员扒开废墟发现一位女教师时，她的姿势是用自己的后背承受着水泥板的重压，以此护卫着一个幼小的孩子。孩子活了下来，而这位年仅 21 岁的女教师却没能幸存；

那时，在震中汶川县映秀小学，四年级语文老师严蓉也在课堂上，在救下 13 个学生后，她也因此殉职；

参与抢救的映秀小学教师余琴，她的丈夫也是该校老师，尸体就摆放在学校的操场上。另外，她唯一的女儿胳膊断了，被挖出来后送往了成都，她哭着说，自己不是个好妈妈，求记者去成都帮她看看无人照顾的女儿现在到底怎么样了。她哭着说："我的娃娃们，对不起你们啦。我该怎么办啊？"；

　　也是在映秀小学,在大地震来临的瞬间,29 岁的数学老师张来亚用双臂以雄鹰展翅的姿势,紧紧搂护住两名小学生,最终,他以自己的死换来两个孩子的生。由于紧抱孩子的手臂已经僵硬,救援人员只得含泪忍痛把张老师的手锯掉,才把孩子救出。张来亚老师以实际行动诠释了自己生前最喜欢的一句话:"摘下我的翅膀,送给你飞翔!"；

　　地震发生的那一刻,四川什邡市师古镇民主中心小学一年级女教师袁文婷正在给孩子们上课,突如其来的变故让她大吃一惊,她想到的第一件事就是保护孩子们。她用自己 26 岁的宝贵生命换来 13 名学生的新生；

　　在什邡市红白镇中心小学校,类似的情形同样出现。该校多名老师殉职,其中二年级语文老师汤宏为救学生,献出了自己年仅 20 岁的生命。而他的孩子刚刚六七个月大。地震发生时,他所在的班级位于一楼,他本来完全可以逃脱,但他却选择留下来保护孩子。他最后的姿势定格为这样的画面——两只胳膊各围拢了一个孩子,身下还护着几个孩子。虽然他自己在瓦砾中丧生,但被他用血肉之躯护住的几个孩子却幸运地活了下来,并最终获救；

　　北川县第一中学教师刘宁,在地震发生的时候,机智勇敢地保护了自己班上 59 名学生安全脱险。当他念初三的女儿终于从水泥断块下被"掏"出来时,这个外表粗犷的坚强汉子,在目睹女儿遗体的一刹那,突然情绪失控,放声大哭；

　　漩坪乡中学一位老师,徒步十多个小时赶到北川,为被围困的 200 多名师生求援。他所在的学校被淹没,全校 200 多名师生被迫转移到了后山上,危在旦夕! 在这种情况下,昨天他冒险与几个人涉水出来,在被损坏的山路上徒步十多个小时,经历多次险情才到达北川,报完信后,他还要马上回去,因为那 200 多位与他朝夕相处的学生和老师正望眼欲穿地盼他归来；

　　大难临头,老师们英勇无畏,舍身救护学生,身为校领导,同样舍生忘死、一马当先,对学生施救。

　　地震发生时, 都江堰龙池镇南岳中心小学 6 个年级和一个学前班约

200 名孩子正在教室。孩子们乱成一团。这时,校长肖明清第一个冲进学前班教室,把孩子们连背带抱地营救出教学楼。距教学楼不到 10 米的教师宿舍楼在强震中倒塌,他的妻子汤老师被无情掩埋……

而在德阳市东汽中学,教学楼在地震中坍塌。在地震发生的一瞬间,该校教导主任谭千秋双臂张开趴在课桌上,身下死死地护着 4 名学生,学生们都获救了,谭老师自己的后脑却被楼板砸得深凹下去,以身殉职。

……类似的事迹真的是数不胜数。

不想罗列下去了。

不必罗列下去了。

人的生命只有一次,无论是谁,都知道生命的珍贵。当生命陷入绝境,哪怕一根稻草也会成为人类求生的一线生机。可是,在灾难面前,老师们首先想到的不是自保,而是保护好他们的学生。他们知道这意味着让出自己的生路,留给他们的只有死路一条,但他们还是义无反顾、毅然决然。他们的生命无疑具有了无比高贵的品质,让世间一切利己者黯然失色、无地自容!

这是一组矗立在地震废墟上的活生生的人物群像浮雕,它有个简单而贴切的名字:师魂。

逐梦箴言

世间动人心魄的词有很多,"舍己救人"肯定算是一个。当它与老师联结在一起,我们最先想到的词可能就是"师魂"。在这里,死亡以无声却又震撼的形式诠释了什么才叫"师魂"。老师们大无畏的献身精神,正是出于对学生的负责与爱,而执着于爱与责任,永远能产生最动人的篇章、最强大的影响力与感召力。

知识链接

汶川大地震的成因

汶川大地震为构造地震。为印度洋板块向亚欧板块俯冲，造成青藏高原快速隆升所导致。高原物质向东缓慢流动，在高原东缘沿龙门山构造带向东挤压，遇到四川盆地之下刚性地块的顽强阻挡，造成构造应力能量的长期积累，最终在龙门山北川—映秀地区突然释放形成。

汶川大地震发生在地壳脆—韧性转换带，是浅源地震。浅源地震发生在 60km 以内的称为浅源地震。浅源地震大多分布于岛弧外缘，深海沟内侧和大陆弧状山脉的沿海部分。浅源地震，大多发生在地表以下 30km 深度以上的范围内。而中深源地震，最深的可以达到 650km 左右，并且形成一个倾斜的地震带——称为本尼奥夫带。把浅源地震和深源地震在"血缘"上联系在一起的，是板块构造学说这一被称为"地球科学革命"的全球构造理论。震源深度为 10 ~ 20km，与地表近，持续时间较长，因此破坏性巨大。

我的未来不是梦

●智慧心语●

教师是过去和未来之间的一个活的环节。它的事业，从表面来看虽然平反，却是历史上最伟大的事业之一。

——乌申斯基

师者，人之模范。

——杨雄

善歌者使人继其声，善教者使人继其志。

——《礼记·学记》

第九章

尊师重教

徐特立

师表风范

◦导读◦

　　中华民族素有"礼仪之邦"之称。社会是由人组成的。人的素质决定着社会文明和国家强盛,而人的素质的形成与他所接受的教育密切相关,教师则起着关键性作用。尊师才能重教,这不仅是对教师的尊崇,也是对体现在教师身上的人类文明的充分肯定。

开国领袖的尊师情怀

在毛泽东的老师中,徐特立是广为人知的一位。毛泽东对徐特立特别尊敬,集中体现了中华民族尊师重教的传统美德,更说明徐特立确有为人称道的独特品格和高尚的精神。

1913 年秋,毛泽东到湖南第四师范读书,与徐特立结缘。此前,毛泽东就对徐特立的"光辉事迹"早有耳闻。这位只上过 6 年学,凭着自学成为塾师,创办了多所新式高等小学堂和长沙师范,后来又做了湖南省临时议会副议长,可谓名声在外。以后,接触多了,毛泽东越发感到这位良师可亲可敬。

徐特立有着艰苦奋斗、勤俭节约的生活作风。毛泽东看在眼里记在心上,以致一生加以效法,并发扬光大。徐特立不仅品德堪称一流,还具有严谨的治学态度和一套良好的学习方法。而这,对于求知若渴的毛泽东,更产生了积极的影响,让他受益良多。

而更令毛泽东称赏的,是老师一贯的斗争精神。

1915 年 5 月 7 日,袁世凯承认了丧权辱国的"二十一条",全国上下,群情激愤,随即掀起了一场声势浩大的反袁运动。徐特立得知消息后,立即同杨昌济、方维夏等商议,通过几天通宵达旦的努力,编写了《国耻篇》,彻底揭露袁世凯卖国求荣、企图复辟帝制的阴谋与丑恶嘴脸,成为反袁斗争有力武器。一天,在长沙修业学校兼课的徐特立应邀向该校师生作时事报告。他慷慨陈辞,历数袁世凯种种罪行,一时竟热泪如注。讲着讲着,他纵身跳下讲台,到厨房取来菜刀,当即砍断左手小拇指,以示对帝国主义及其走狗的愤恨和报仇雪耻的决心。徐特立随即以指蘸血,写了"请开国会,断指送行"的血书,交给即将赴京请愿的湖南立宪派人士罗峙云等人,晕倒在地。这对毛泽东震动极大。

反袁斗争胜利后,毛泽东毕业,与老师分别。

1925 年春,毛泽东因病从中共中央的所在地上海回到湖南,一边养病,一边从事农民运动。在长沙,毛泽东拜会了阔别多年的老师徐特立。这次的师生对谈,对徐特立产生了很大影响,思想观点由此转变。后来,当他目睹家乡巨变,更深深地被触动,体察到毛泽东的远见卓识。于是,他参加了湖南省农民协会,并担任教育科长,兼任湖南农村师范农运讲习所主任。

不久,在他的学生、女共产党员黎尚瑾家中,徐特立遇到了也是他的学生、来此避难的中共湖南省委负责人李维汉。在一片白色恐怖之下,51 岁的他向李维汉提出了加入中国共产党的请求,期待"真正获得新生",经过李维汉介绍,徐特立正式加入了共产党。当毛泽东得知道此事时,由衷感佩。

在以后的日子里,他成了毛泽东重要的支持者。当人们提起他曾是毛泽东的老师时,他总是真心诚意地说:"从前我在湖南第一师范教过书,当过毛主席的先生,那是真的;那只是一日之师,而毛主席是我的终身之师——是他带我这个老朽走上了革命道路。"言语之中,充满着对毛泽东的爱护和尊重之情。

毛泽东对徐特立也是十分信赖和敬重的。到达陕北以后,因瞿秋白在福建长汀牺牲,毛泽东亲自提议徐特立担任中华苏维埃中央政府教育部长。后来陕甘宁边区政府成立,又任命他担任边区教育厅厅长之职,给这位老教育家创造了一个为边区教育事业大展宏图的机会。

1937 年 2 月 1 日,徐特立 60 岁寿辰。1 月 30 日,在延安各界为徐特立举行庆祝大会的前一天,正忙于制定抗日救国大计的毛泽东,怀着对师长的尊敬心情,写了一封感情真挚的信给徐特立,为他祝寿。信中高度地概括了徐特立为人民的解放事业作出的重大贡献,热情地赞扬他作为一代师表所具备的崇高品格,充分表达了一位学生对老师的崇敬之情。毛泽东动情地写道:"你是我二十年前的先生,你现在仍然是我的先生,你将来必定还是我的先生。"

　　10 年后的 1947 年初,蒋介石命令胡宗南指挥 23 万人马进攻延安。当时,徐特立已转移到陕北高原东北部的绥德城。徐特立寿辰的前几天,工作人员请示毛泽东,毛泽东毫不犹豫地说:"庆,为什么不庆? 还要大大地庆祝一番! 我们一方面要为徐老祝寿,另一方面还要显示延安军民沉着应战,以鼓舞边区军民的斗志。"这样,根据毛泽东的指示,党中央派出一辆大卡车专程前往绥德,接徐特立返延安做寿。

　　寿诞的前一天晚上,毛泽东和朱德等中央负责同志亲临徐特立居住的窑洞祝贺,俗称"暖寿"。9 日,中共中央办公厅、边区政府举行了热烈的庆祝大会,各解放区负责人也纷纷来电祝贺。朱总司令在会上祝词,会上,还宣读了由毛泽东授意起草并审定签发、以党中央名义写给徐特立的信,高度评价了徐特立的革命业绩,号召全党同志学习和发扬他的高尚品德。

　　1949 年 10 月 1 日,新中国诞生了。徐特立进入中南海,继续担任中央宣传部的副部长。建国之初,毛泽东政务繁忙,仍忘不了他的老师徐特立,有时还会邀请他到中南海家中吃饭。一次上桌前,徐特立谦和地对毛泽东说:"你是全国人民的主席,应该坐上席。"毛泽东马上说:"您是主席的老师,'一日为师,终身为父',您更应该上坐。"硬是让徐老坐了上席。席间,师生共话国事,言谈甚欢。话别时,毛泽东见徐特立穿着过于俭朴,就将自己身上穿的一件呢子大衣脱下来,送给徐特立。

　　毛泽东对老师的教导之恩念念不忘。这些,是毛泽东尊师重教的具体体现,值得我们提倡、学习。

逐梦箴言

　　在这个世界上,老师其实是我们最该感恩的人,是他们为我们启蒙,让我们从此告别蒙昧,亲近文明;是他们启发我们追逐梦想,并为实现我们的梦想尽心尽力……老师的作为,往往校正了我们的人生走向,甚至改变了我们的人生,足以让我们感恩戴德、念念不忘。

■ 始皇一拜

　　秦始皇统一中国,功德无量;但他为统一思想而"焚书坑儒",则罪莫大焉,千百年来为人诟病。然而,他却也是个尊敬老师的"好学生"。

　　公元前215年的秋天,秦始皇第四次出巡,在文武百官的护卫下,浩浩荡荡地从碣石向东北的岛屿进发。一段时间过后,一行人便到达目的地。

　　万里晴空下,波浪滔天。秦始皇端坐马上,四顾之下,豪情满怀。忽然,他翻身下马,撩衣跪倒。文武百官见状,不明就里,也只好跟着跪下。等秦始皇跪拜完毕,站起身来,大臣李斯才问他为何参拜。秦始皇深情地忆起往事:"看到此岛所生荆条,朕不由想起幼年在邯郸时老师所用的荆条;朕见荆条,如见恩师,怎能不拜?"

　　接着他动情地讲起了一段陈年旧事:秦始皇名嬴政。小的时候,跟随老师求学。老师对他极其严厉、要求严格。第一次授课,老师给嬴政讲起"嬴"这一姓氏的由来,接着教他"嬴"字的写法,并要求他第二天默写下来。看到这个庞大的字,嬴政当时就犯难了,老师一问,他就实话实说。老师听了,连连摇头、叹气,随口数落起嬴政来:"一个'嬴'字就把你难住了,将来何以成大事?"说着就怒气冲天地举起了荆条……经历过这件事以后,嬴政得到了教训、自此无论做什么,都不再有畏难情绪,再也不轻易喊苦叫累,从而形成了坚毅、果敢的性格。

　　好多年过去了,嬴政东拼西杀,最终成为一代君王,老师的教诲功不可没。可是,他日理万机,竟好多年不曾前去拜望恩师。刚才他意外看到了岛屿上所生的荆条，触物生情，想起恩师，就情不自禁、不由自主地想要叩拜……

听了秦始皇的话，众大臣也不由感慨万千，纷纷想起自己的老师。当然，他们也为秦始皇身居高位仍感念老师培育之恩的品德而钦敬不已。

逐梦箴言

这个故事或许是杜撰的，但是它所昭示的尊师重教的精神却完全真切地提示我们不要忘记本源，不要忘记我们的老师。

知识链接

秦始皇及其历史功绩

秦始皇(公元前 259—公元前 210 年)，即嬴政。中国历史上最伟大的政治家、战略家、改革家、军事家。首次完成中国统一。秦朝开国皇帝，秦庄襄王之子，13 岁即王位，39 岁称皇帝，在位 37 年。秦始皇创立皇帝制度，在中央实施三公九卿制，地方废除分封制，实行郡县制，统一文字、货币和度量衡等，北击匈奴，南征百越，修筑万里长城，奠定了今日中国版图的基本格局，把中国推向了大一统时代，为建立专制主义中央集权制度开创了新局面，对中国和世界历史产生了深远影响，奠定了中国两千多年政治制度的基本格局，被明代思想家李贽誉为"千古一帝"。 事实上，秦始皇不仅是中国历史上的"千古一帝"，更是世界史上的"千古一帝"。在西方，人们常把秦始皇与拿破仑相提并论。秦始皇统一中国，业绩卓著，前无古人：

1.统一文字，使其成为一个民族的基础，并延用至今；

2.废分封，立郡县，成为以后中国统一后管理的标准模式，

我的未来不是梦

177

历时数千年之久;

3.统一货币和度量衡,在商业上大大便利国内交流;

4.车同轨,道同距,修建秦直道大大便利国内交通;

5.焚六国史书,客观来讲统一了思想,避免因为历史问题而导致国家分裂;但是毁掉的各国古籍都有副本保存,其后被毁是由于项羽火烧秦都造成的;

6.修建灵渠,加强了对珠江流域的控制,并使该地区永远成为中国的版图;

7.修建长城,抵御北方胡族侵略的重要防线,长城长期成为国界;

8.南征南越,将福建、浙江、两广纳入中国版图;

9.北击匈奴,夺回河套地区,并使该地区永远成为中国的版图,至此奠定了中国统一多民族中央集权国家的基本格局。

秦始皇缘何称"帝"

春秋战国时,各国诸侯都被称为"君"或"王"。战国后期,秦国与齐国曾一度称"帝",不过这一称号在当时并不同行。已经一统天下的秦王政,以为过去的这些称号都不足以显示自己的尊崇,"今名号不更,无以称成功,传后世"。他下令左右大臣们议称号。

经过一番商议,丞相王绾、御史大夫冯劫、廷尉李斯等人认为,秦王政"兴义兵,诛残贼,平定天下",功绩"自上古以来未尝有,五帝所不及"。他们援引传统的尊称,说"古有天皇,有地皇,有人皇,人皇最贵",建议秦王政采用"秦皇"头衔。然而,秦始皇对此并不满意。他只采用一个"皇"字,因有"三皇五帝"而在其下加一"帝"字,创造出"皇帝"这个新头衔授予自己。从此以后,"皇帝"就成为中国国家最高统治者的称谓。

"皇帝"称谓的出现,不仅仅是简单的名号变更,还反映了一种新的统治观念的产生。在古代,"皇"有"大"的意思,人们对祖先神和其他一些神明,有时就称"皇"。"帝"是上古人们想象中的主宰万物的最高天神。秦始皇将"皇"和"帝"两个字结合起来,第一,说明了他想表示其至高无上的地位和权威,是上天给予的,即"君权神授"。第二,反映了他觉得仅仅是做人间的统治者还不满足,还要当神。可见,"皇帝"的称号,乃是秦王

知识链接

政神化君权的一个产物。

秦王政做了中国历史上第一个皇帝,自称"始皇帝"。他又规定:自己死后皇位传给子孙时,后继者沿称二世皇帝、三世皇帝,以至万世。秦始皇梦想皇位永远由他一家继承下去,"传之无穷"(《史记·秦始皇本纪》)。为了使皇帝的地位神圣化,秦始皇又采取了一系列"尊君"的措施:

取消谥法。谥法起于周初,是在君王死后,依其生平事迹,给予带有评价性质的称号。但秦始皇认为,像这样"子议父,臣议君",太不像话,更没意义。他宣布废除谥法,不准后代臣子评价自己。

天子自称曰"朕"。"朕"字的意义与"我"相同,以前一般人也可以使用,但秦始皇限定只有皇帝才能自称为"朕"。皇帝的命令叫作"制"或"诏"(命曰制,令曰诏,盖二者效令不同也)。

文字中不准提及皇帝的名字,要避讳。文件上逢"皇帝""始皇帝"等字句时,都要另起一行顶格书写。

只限皇帝使用的、以玉质雕刻的大印才能称为"玺"。

以上这些规定,目的在于突出天子的特殊地位,强调皇帝与众不同,强化皇权在人们心目中的神秘感。秦始皇幻想借助这些措施,使他的皇位千秋万代地在其子孙后代中传续下去。如上的统一性措施加强了中央集权,有利于古代经济的进一步发展,对祖国疆域的初步奠定和巩固发展国家的统一,以及形成以华夏民族为主体的中华民族,起了重要作用,促进了我国历史上第一次民族大融合;第一次形成了真正意义上的中国。

■ 敬师如命

　　子贡是孔子的高徒,他原名端木赐,是春秋末期卫国(今河南省鹤壁市浚县)人。作为孔子得意门生,他既是孔门七十二贤之一,也是孔门十哲之一。在孔门弟子中,子贡是把学和行结合得最好的一位。

　　子贡师从孔子后,潜心向学,因为有着出众的天赋,他很快就在孔门弟子中脱颖而出、出人头地。孔子发现,子贡有着过人的"言语水平"。在那个时代,外交礼宾人员的语言训练主要取之于《诗经》,孔子就曾说:"不学《诗》,无以言。"发现了他的潜质,孔子就着意培养他,师徒二人常在一起切磋、交流。每当孔子发问时,子贡总能灵活、贴切地运用《诗经》中的句子巧妙对答,孔子称赞子贡"始可与言《诗》已矣",而且说子贡"告诸往而知来者",认为他对《诗经》的理解达到了心领神会的地步。日后,子贡曾赴齐、吴、越、晋四国进行外交活动,充分发挥自己的演说才能,使得四国国君对他的利害分析深信不疑,并纷纷采纳他的主张。从而出色达成外交使命。

　　子贡的政治才能也非常突出。有一次,季康子问孔子:子路、子贡、冉求是否可以从政?孔子回答说三人皆可从政,但他们的优点各不相同:"由(子路)也果"、"赐(子贡)也达"、"求(冉求)也艺。"孔子真正了解他的弟子,所以他论断无误。正因为子贡通达事理,又有杰出的"言语"才能,所以后来他才会被鲁、卫等国聘为相辅。

　　子贡的过人之处还体现在经商上。《论语·先进》载孔子之言:"赐不受命,而货殖焉,臆则屡中。"由于子贡在经商上大获成功,所以司马迁在

《史记·货殖列传》中以相当的笔墨对这位商业巨子予以赞许,肯定他在经济发展上所起的作用。

由于子贡在学问、政绩、经商等方面表现卓越,其名声甚至超过了他的老师孔子,但他始终发自内心地表达着对老师的尊重、维护。当时鲁国的大夫孙武就说:"子贡贤于仲尼。"鲁国的另一大臣子服景伯把这话转告了子贡,但子贡谦逊地说:"譬诸宫墙,赐(子贡)之墙也及肩;窥见家室之好。夫子(孔子)之墙数仞,不得其门而入,不见宗庙之美,百官之富。得其门者或寡矣。夫手之云,不亦宜乎?"当时鲁国的另一个大臣听到子贡的解释不以为然:"子为恭也,仲尼岂贤于子乎?"可见子贡的名声、地位和影响果然不在老师之下。

作为弟子,子贡也是孔子学说、思想的积极传播者。司马迁在《史记》中甚至认为孔子的名声之所以能布满天下,儒学之所以能成为显学,在很大程度上是得益于子贡的推动。

不仅如此,子贡对孔子的敬爱还表现在老师遇危难、遭险恶之时,他总能挺身而出。一次,孔子周游列国时受困于陈、蔡,绝粮,情形十分危急,而当时孔子门徒个个面面相觑,不知所措,是"子贡使楚""楚昭王兴师迎孔子,然后得免"。

后来,孔子病危时,子贡因故未能送终,他觉得对不起老师,别人守墓三年离去,他却在墓旁再守三年,共守六年。孔子死后,子贡不但生意做得越来越好,还做了鲁国的大夫。当有人在孔子死后十余年后侮辱孔子时,他就为孔子辩解,可见他对孔子非常尊敬。

值得一提的是,晚年时,子贡也像孔子一样开始教授弟子,继续传播老师孔子的思想,培养出了子服景伯等优秀人才。

孔子得到了以子贡为代表的弟子们的普遍敬仰。事实上,他本人也是尊师重教的典范。公元前521年春,孔子得知他的学生宫敬叔奉鲁国国君之命,要前往周朝京都洛阳去朝拜天子,觉得这是个向周朝守藏史老子请教"礼制"的好机会,于是征得鲁昭公的同意后,与宫敬叔同行。到达京都的第二天,孔子便徒步前往守藏史府去拜望老子。正在书写《道德经》的老子听说誉满天下的孔丘前来求教，赶忙放下手中刀笔，整顿衣冠出迎。孔子见大门里出来一位年逾古稀、精神矍铄的老人，料想便是老子，急趋向前，恭恭敬敬地向老子行了弟子礼。进入大厅后，孔子再拜后才坐下来。老子问孔子为何事而来，孔子离座回答："我学识浅薄，对古代的'礼制'一无所知，特地向老师请教。"老子见孔子这样诚恳，便详细地阐述了自己的所学、心得。

回到鲁国后，孔子的学生们请求他讲解老子的学识。孔子说："老子博古通今，通礼乐之源，明道德之归，确实是我的好老师。"同时还打比方赞扬老子，他说："鸟儿，我知道它能飞；鱼儿，我知道它能游；野兽，我知道它能跑。善跑的野兽我可以结网来逮住它，会游的鱼儿我可以用丝绦缚在鱼钩上来钓到它，高飞的鸟儿我可以用良箭把它射下来。至于龙，我却不能够知道它是如何乘风云而上天的。老子，其犹龙邪！"

孔子是良师，重"言传"，亦重"身教"，不仅教化了他的弟子，也影响着世世代代。譬如尊师便是一例。

逐梦箴言

有道是"没有无缘无故的爱"。老师之所以能获得学生的敬重，首先便是因为老师确有值得敬重之优点。一位成功的、受人爱戴的老师，肯定真正做到了"为人师表"。

知识链接

孔门"贤"徒知多少

孔子是我国春秋末期著名的思想家、政治家、教育家，也是儒家的创始人。因政治主张不能实行,遂致力于教育,从而成为世界教育史上赫赫有名的大教育家。司马迁在《史记·孔子世家》中说:"孔子以诗、书、礼、乐教,弟子盖三千焉,身通六艺者七十有二人。"在《史记卷六十七·仲尼弟子列传第七》中,司马迁又借孔子自己的话提出了另外一种说法。《史记卷六十七·仲尼弟子列传第七》:"孔子曰:'受业身通者七十有七人',皆异能之士也。"他列出的名单如下:

颜回(字子渊)、闵损(字子骞)、冉耕(字伯牛)、冉雍(字仲弓)、仲弓父、冉求(字子有)、仲由(字子路)、宰予(字子我)、端沐赐(字子贡)、言偃(字子游)、卜商(字子夏)、颛孙师(字子张)、曾参(字子舆)、澹台灭明(字子羽)、宓不齐(字子贱)、原宪(字子思)、公冶长(字子长)、南宫括(字子容)、公皙哀(字季次)、曾蒧(字皙)、颜无繇(字路)、商瞿(字子木)、高柴(字子羔)、漆彫开(字子开)、公伯缭(字子周)、司马耕(字子牛)、樊须(字子迟)、有若、公西赤(字子华)、巫马施(字子旗)、梁鳣(字叔鱼)、颜幸(字子柳)、冉孺(字子鲁)、曹恤(字子循)、伯虔(字子析)、公孙龙(字子石)、冉季(字子产)、公祖句兹(字子之)、秦祖(字子南)、漆雕哆(字子敛)、颜高(字子骄)、漆雕徒父、壤驷赤(字子徒)、商泽、石作蜀(字子明)、任不齐(字选)、公良孺(字子正)、后处(字子里)、秦冉(字开)、公夏首(字乘)、奚容箴(字子皙)、公肩定(字子中)、颜祖(字襄)、鄡单(字子家)、句井疆、罕父黑(字子索)、秦商(字子丕)、申党(字周)、颜之仆(字叔)、荣旂(字子祈)、县成(字子祺)、左人郢(字行)、燕伋(字思)、郑国(字子徒)、秦非(字子之)、施之常(字子恒)、颜哙(字子声)、步叔乘(字子车)、原亢籍、乐欬(字子声)、廉絜(字庸)、叔仲会(字子期)、颜何(字冉)、狄黑(字皙)、邦巽(字子敛)、孔忠、公西与如(字子上)、公西蒧(字子尚)。

知识链接

孔门"四科十哲"

德行:颜渊、闵子骞、冉伯牛、仲弓
言语:宰我、子贡
政事:冉有、季路(子路)
文学:子游、子夏

我的未来不是梦

■ "编外"校长张学良

1928 年 8 月,张学良接受东北保安会的委托,"受命于危难之间",出任东北大学校长。对于教育,张学良算是"门外汉",可是既然挑上了这副担子,他就要挑到底、挑得好。就是凭着这股敢闯敢拼的勇气与干劲,"有勇有谋"的张学良很快就将东北大学办得风生水起,东北大学和他一起令人刮目相看。

当时,东北大学分为南北两校,管理上多有不便。张学良决定扩建校舍、合二为一。因所需经费数额巨大,奉天省无法负担,张学良慷慨捐私款 100 万元大洋,修建文法学院教学楼。紧接着,捐资 30 万元大洋,为东北大学修建一座可容纳万余人的现代化的罗马式体育场;又捐资 50 万元大洋,增建图书馆、化学馆和实验馆。这一改造、增建工程不断进行着,3 年后,东北大学建成学生宿舍、教职员住宅多处,均为新式洋房或楼房,此外还建有无线电台、罗马式体育场、大学工厂、化学馆、图书馆等,形成了一个完整的、规模宏大的建筑群。

张学良就任校长后,确立了东北大学的办学宗旨,他旗帜鲜明地喊出了这样响亮的口号:"研究高深学术,培养专门人才,应社会之需要,谋文化之发展"。后根据时局有所演变,为:"培养实用人才,建设新东北,以促进国家现代化,消弭邻邦的野心"。

为了达成这一宏愿,张学良从严治校,在各个环节都精心布局。

"没有规矩,不成方圆"。在张学良极力主张下,学校制定了各项规章制度,涵盖方方面面。同时,学校加强行政管理,组成由校长、副校长、各学院院长、附属中学主任参加的校务会议,处理学校的各项事宜。此外,还制定了教务会议规则、总务会议规则。可谓面面俱到、细化至极。

在课程设置方面,张学良积极吸纳欧美国家先进的办学经验,为我所用。选用教材时,一般引进外国原版。在课时安排上,周学时高达 30 学时。学校特别重视外语教学和应用,答卷、做题、写实验和实习报告均用英语。

而对于学生的要求,极为严格。为确保人才质量,招收生源时严加遴选,入校后更是从严管理。学生在校期间实行淘汰制,月考、期考、学年考试,院长亲临考场,违纪者严惩不贷。成绩不及格者,一律示牌降级,或酌令休学、退学。经过多次考试淘汰,毕业者仅逾半数。

有优质的学生、精良的教材,更要有可为师表的教师,方可成就教学初衷。办教育,难在经费,而优厚的待遇,正是广罗人才的"法宝"。张学良为此没少用心尽力。在他的努力下,奉天省拨给东北大学的经费也逐年增加,一度超越清华大学、北京大学。张学良担任校长之后,凡属对东北大学发展有利的学术泰斗、各界名流,均不惜用重金礼聘来东北大学任教。由于经费充裕,教师待遇高,生活条件优越,各领域杰出人才如:数学家冯祖荀教授、化学家庄长恭教授、建筑学家梁思成和林徽因教授、机械工程学家刘仙洲教授和潘成孝教授、文法专家章士钊、语言文字学家黄侃和梁漱溟、原北京政府司法总长罗文干及林损、余启昌、吴贯因(梁启超私人秘书、北平华北大学副校长)、心理学家陈雪屏教授、国学家马宗芗教授、统计学家孙宗钰、历史学家周传儒教授、郝更生和吴蕴瑞教授等纷至沓来。1929 年,东北大学各科改为学院,张学良聘任的院长都是从专家学者中遴选的,他们都是曾在外国留学的学者:文学院院长周天放,是美国欧力根大学教育学学士,曾任北平民国大学副校长;理学院院长孙国封,是美国康乃尔大学理学博士;法学院院长臧启芳,曾留学美国;工学院院工高惜冰,是美国麻省纺织工科大学学士;教育学院院长李树堂,是美国纽约大学教育学博士。当年,全校共有 120 名教师,其中教授 94 名,讲师 13 名,助教 7 名,教员 5 名,物理助理 1 名。从学位上看,博士 12 名,硕士 26 名,学士 24 名,有各种学位的 62 名。在全校 125 名院长、教师中,留美的 48 名,留英的 4 名,留法的 3 名,留德的 3 名,留日的 6 名。这些学者知识渊博,办学有方,治学严谨,学风优良,辅佐张学良把东北大学很快办成知名度很高的一流高等学府。张学良惟才是用、惟贤是举,但也绝不给人以滥竽充数的机会。不称职者,纵然名头再响,也不会在东北大学觅得立足之地。

值得一提的是,张学良锐意改革、不断创新,在校园管理方面,他还破天荒地实行教授治校。选任密歇根大学法律博士、曾任北京国民大学副校长、北京教育部专门教育司司长的刘凤竹为副校长。以后又废除副校长制,改为秘书制,任命英国牛津大学毕业的宁恩承先生为秘书长。

正是张学良的殚精竭虑、精心谋划、巧妙运作,保证了东北大学快速发展,很快进入全盛时期,成为名副其实的东北最高学府。

然而,突如其来的"九一八"事变,致使东北大学被迫流亡关内,遭到严重的摧残。张学良与东北大学的"缘分"有终止之时,可是,他为东北大学作出的贡献却始终令人难忘。作为将军,兼任校长或许有着"编外"意味,然而他用事实证明了自己杰出的办校才能,留给后来者许多有益的启迪和宝贵的经验。而他尊师重教的可贵精神,影响深远,值得称道。

逐梦箴言

古今中外,大凡有所建树的从政者,均有涉及教育的言行。从政者是否做到了尊师重教,往往能很好地体现其精神底蕴、展现其德行。从政者如此,对大家而言更是如此。

知识链接

"九一八"事变

在世界经济危机的环境下,在南满拥有铁路特权的日本和长期处于内战状态的中国发生冲突的可能性升高了。1931年7月6日,张学良电告东北政务委员会说:"此时如与日本开战,我方必败。败则日方将对我要求割地偿款,东北将万劫不复,亟宜力避冲突,以公理为周旋。"是年9月18日,日本关东军发动震惊中外的"九一八"事变,驻守北大营的一万多名东北军将士因遵循张的严令没有抵抗。蒋介石电令张学良不许抵抗,张要求其率领的东北军力避冲突、退守锦州,日军很快便侵占了东三省全境。

日军为取得更大利益,于当年9月18日突然对东北军发动攻击。在不抵抗命令下,东北军撤出东北,日本策划的伪满州国成立,从此东北数千万民众开始遭受日本长达14年之久的残酷统治和掠夺。抗战胜利后,每年的9月18日都被中国人视为国耻日!

"九一八"事变为蒋介石一贯的"不抵抗政策"所致。近年的研究表明,实际上"不抵抗政策"是张学良和蒋介石在面对日本威胁问题上的共识。张学良之"不抵抗",是由于东北军没有能力单独抵抗日本的军事攻击,日本最希望能够挑起战端,所以不断升级挑衅行为,而张一旦与日本开战,他也不可能得到任何来自中央政府的支援,结果只会是丢掉东北的领土和损耗自己的军事实力,所以他严格命令军民百姓"打不还手,骂不还口",不给日本人挑起战端的借口;而蒋介石之"不抵抗",则是为了贯彻他的"攘外必先安内"的政策路线。

在"九一八"事发当时,乃是张学良下令撤退,而蒋介石日记表明其迟至9月19日晚才从上海方面得知"事变"消息。张自己也在晚年口述的回忆录中说,"是我们东北军自己选择不抵抗的。我当时判断日本人不会占领全中国,我没认清他们的侵略意图,所以尽量避免刺激日本人,不给他们扩大战事的借口。"

我的未来不是梦

● 智慧心语 ●

一日之师，终身为父。

——关汉卿

为学莫重于尊师。

——谭嗣同

君子隆师而亲友。

——荀子

疾学在于尊师。

——《吕氏春秋》

明师之恩，诚为过于天地，重于父母多矣。

——葛洪

国将兴，心贵师而重傅。

——荀子

第十章

我的未来不是梦

翻到这一页，这本书就要结束了。

可是，关于教育的话题却没有休止。

当今，教育，成了一个永不冷却的谈资、不可逾越的重心。从家庭到社会，对教育的重视程度、投入力度都达到了空前的地步。

对教育持续走高的关注度，一方面加大了社会对老师的需求，另一方面也使老师这一职业成为热门，吸引无数热血人士趋之若鹜。

这，是机遇，也是挑战。巨大的机遇和挑战。

实现中华民族的伟大复兴，人才是关键，它需要太多高素质人才的支撑；培养高素质的人才，高素质的老师是关键。如前所述，老师的工作概括起来就是4个字：教书、育人。真正称职的老师，莫不是二者兼顾，齐头并进的。

当今，老师并不稀缺，但"好老师"则永远为人期待。所以，无论社会、学校等诸方面，无不给老师设定了高标准、严要求，简言之，就是综合素质要"达标"、"超标"。老师，既要具有超强的业务能力，还要具备超级敬业精神以及超人的道德水准。你有"老师梦"吗？如果有，那么，你至少应该从以下几点着手，做好准备、规划：

丰富的知识储备及及时更新知识的能力。时下，社会、学校以及各方面，对老师业务能力的要求颇高，老师，教授本专业，要"专家化"才好，哪怕你是在教中学生，抑或是小学生，惟其如此，方可满足学子们对某一专业知识完备的、无误的接受。同时，因为处于信息时代，知识更新换代或者查漏补缺、改误归正的速度大大增强，这就需要老师们能够与时俱进，了解最新的知识动态，及时吸纳相关信息，以便将最新的专业知识、动态传授给渴求知识滋养的学子们，以便适应他们即时的、未来的需要。

敬业精神不可或缺。其实，无论你从事何种行业，敬业精神都是成功的基石，万万少不得，做老师，尤其如此。老师，其实是个足够"特殊"的行业，因为面对的对象、群体特殊，就需要老师从教时要付出足够的、超常的爱心、耐心、精心，若没有超级的敬业精神，可想而知，是做不到这"三心"的，当然，做不到这"三心"，也便很难成就优秀自我、造就优异学子。所以，如果你有"老师梦"，一定要从这方面加以修炼，有付出必有回报，当你做到了"认真、投入"，你也必会收获相应的成功的果实！

为人师表很重要。老师，从其真正具有完善定义的那一刻起，就被赋予"为人师表"的内涵与外延。"十年树木，百年树人"。老师的工作就是"树人"、"育人"，让学子们在学到知识的同时，也获得人格的完善、道德层次的提升，从而形成他们正确的世界观、人生观、价值观，以为日后介入社会奠基。在教学中，老师的影响其实无处不在、无时不在，因此，做好"表率"，"率先垂范"成了方方面面对老师一致的要求。老师，应是为人之楷模。人无完人，当然也不必苛求老师成为"完人"，但至少，在为人的主导方面可为示范，人格高尚、具备极强的道德感、思想、境界并身体力行才可。面对时下社会情境，作为"人类灵魂的工程师"，老师更应成为弘扬正气、校正德行的中流砥柱，发挥其身份的优势，带动学子们树立良好的道德情操至关重要。

上述这些，是社会、学校等诸方面对老师提出的要求，其实也是老师自己职业生涯中提升自我的需要。只有保持"与时俱进"的姿态、状态，才能不掉队、不落伍，时刻成为行业的"排头兵"。

那么，有着"老师梦"的你，在作好这些准备之后，就"带着梦想上路"吧！

"带着梦想上路"，则"我的未来"必定"不是梦"！

◉ 智慧心语 ◉

教育是民族最伟大的生活原则，是一切社会里把恶的数量减少，把善的数量增加的唯一手段。

——巴尔扎克

三人行必有我师焉；择其善者而从之，其不善者而改之。

——孔子

人非生而知之，孰能无惑？惑而不从师，其为惑也，终不解矣。

——韩愈

我所遇见的每一个人，或多或少都是我的老师，因为我从他们身上学到了东西。

——爱默生

与其找糊涂导师，倒不如自己走，可以省却寻觅的功夫，横竖他也什么都不知道。

——鲁迅